AF617698

LA ESCRITURA DE UN TRABAJO DE FIN DE TÍTULO EN EL ÁREA DE EDUCACIÓN

CONSEJOS Y RECOMENDACIONES PARA SU ELABORACIÓN, LECTURA Y DEFENSA

LA ESCRITURA DE UN TRABAJO DE FIN DE TÍTULO EN EL ÁREA DE EDUCACIÓN

CONSEJOS Y RECOMENDACIONES PARA SU ELABORACIÓN, LECTURA Y DEFENSA

Haylen Perines

Primera edición: 2024

Letrame Editorial.
www.Letrame.com
info@Letrame.com

Diseño de edición: Letrame Editorial.
Maquetación: Juan Muñoz Céspedes
Diseño de cubierta: Rubén García
Supervisión de corrección: Celia Jiménez

ISBN: 978-84-1068-051-7

DEPÓSITO LEGAL: AL 341-2024

IMPRESO EN ESPAÑA – UNIÓN EUROPEA

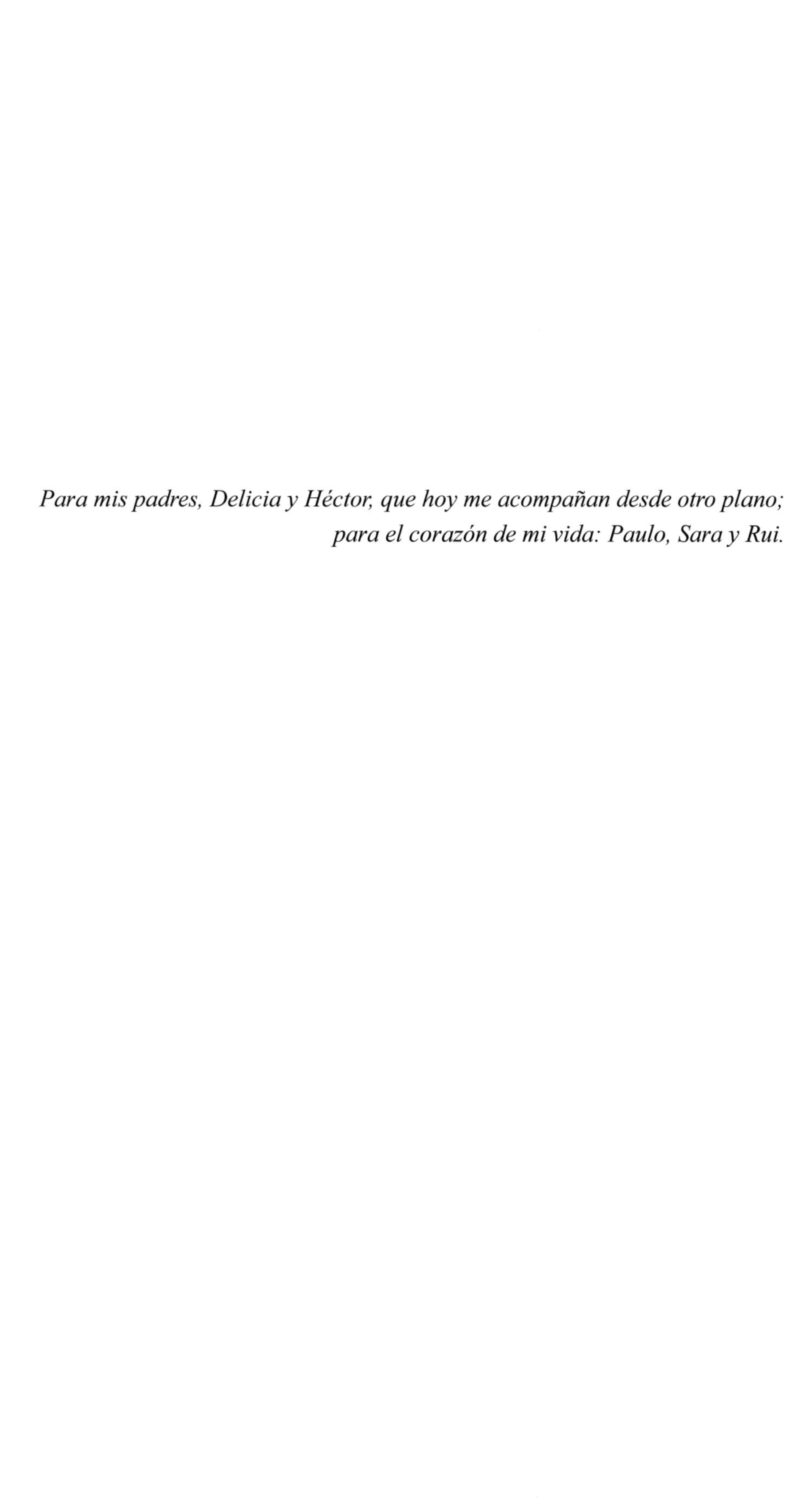

Para mis padres, Delicia y Héctor, que hoy me acompañan desde otro plano;
para el corazón de mi vida: Paulo, Sara y Rui.

ÍNDICE

PRÓLOGO

Nina Hidalgo
Universidad Autónoma de Madrid (España)

La investigación educativa desempeña un papel crucial en el ámbito de la educación. Su papel en la mejora de los procesos de enseñanza y aprendizaje, la toma de decisiones tanto administrativas como políticas y el desarrollo de innovaciones educativas, entre otros, la convierten en una materia esencial en los grados y másteres de formación de profesorado. Así, la formación en investigación de los profesionales de la educación tanto a nivel de grado como de máster es fundamental para el desarrollo de trabajos científicos rigurosos, pertinentes y cuidados.

La escritura, elaboración y diseño de trabajos científicos de calidad (tanto de investigación como de innovación o intervención) es una competencia fundamental del profesorado en formación inicial, necesaria para la elaboración de trabajos de asignaturas y especialmente en los Trabajos Fin de Título. Por ello, la capacidad para redactar y diseñar investigaciones e intervenciones es esencial en el ámbito académico y contribuye, sin lugar a dudas, al avance del conocimiento científico en educación. No obstante, el estudiantado no siempre tiene los conocimientos adecuados para el desarrollo de trabajos científicos de calidad.

Para dar respuesta a la necesidad de materiales que sean una guía, apoyo y ayuda al estudiantado en la elaboración de sus trabajos de investigación, intervención o revisiones sistemáticas, el presente manual se erige como una obra fundamental para la redacción de un trabajo científico en educación de calidad. Su autora, Haylen Perines, profesora de Lengua y

Filosofía, licenciada en Educación, doctora en Educación y profesora de Métodos de Investigación y Diagnóstico en Educación, aborda, de forma clara, concisa y con multitud de ejemplos todos los elementos fundamentales para elaborar un Trabajo Fin de Título y no morir en el intento.

De forma práctica y contextualizada, el libro se organiza en cinco capítulos y aborda el desarrollo de Trabajos Fin de Título (como bien podrían ser Trabajos Fin de Grado, Trabajos Fin de Máster, Trabajos de Magíster, etc.) desde la escritura académica hasta la preparación de la defensa oral, pasando por la estructura y diseño de una investigación o los errores más frecuentes en la elaboración de estos textos académicos.

En conclusión, este manual aspira a ser más que un recurso educativo. La obra *La escritura de un trabajo de fin de título en el área de educación: consejos y recomendaciones para su elaboración, lectura y defensa* busca ser una guía clara, concisa y motivadora para la elaboración de trabajos académicos del profesorado en su formación inicial. Asimismo, la competencia de redacción, diseño o expresión oral que aborda este libro no solamente es una habilidad necesaria para completar su formación, sino para su desempeño académico y crecimiento continuo como profesionales de la educación.

Los Trabajos Final de Título suponen la clausura de un proceso de aprendizaje arduo y que refleja los conocimientos, habilidades y competencias adquiridas a lo largo de la carrera académica del alumnado. Que esta obra se convierta en un manual de apoyo, aliento y ayuda en la redacción de trabajos académicos excelentes y, en consecuencia, en la formación de profesionales educativos comprometidos, críticos y competentes.

INTRODUCCIÓN: motivaciones para escribir este libro, propósito y estructura

La idea de escribir este libro surgió a mediados del año 2022 cuando mi hermana menor me contactó muy agobiada para pedirme ayuda. En pocas semanas debía entregar su tesis de grado y junto a su compañera de grupo necesitaban que alguien les revisara el trabajo de forma urgente.

Una vez que acepté llevar a cabo la revisión, pude observar que, si bien se notaba el esfuerzo de las dos chicas, el trabajo adolecía de algunos errores que ya venía advirtiendo en los trabajos de grado y de máster de estudiantes de universidades españolas (mi hermana menor reside en Chile, mi tierra natal). Las principales debilidades que observaba en ese entonces tenían que ver con una diversidad de aspectos, por ejemplo: dificultades para llevar a cabo una redacción académica, confusión de ciertos elementos gramaticales, la poca claridad sobre qué escribir en cada apartado, etc.

Fue allí cuando comenzó a gestarse la idea de este libro, primero de una forma muy tímida, ya que no estaba segura de emprender este camino. Mi principal inquietud era ¿alguien lo irá a leer?, ¿despertará el interés de las audiencias a las cuales va dirigido? Bueno, ya estoy aquí, ya está hecho y espero sinceramente que este texto pueda ser de utilidad para todas y todos quienes emprenden el camino de conseguir un título universitario de grado o posgrado.

No existan pautas exactas ni tampoco fórmulas mágicas para escribir un Trabajo de Fin de Título (TFT). Tampoco existen criterios únicos, tal vez otros autores pueden no coincidir conmigo y establecer otros lineamientos y sugerencias, es algo totalmente válido. Lo que acá entrego es un texto perfectible, que puede ser optimizado y que surge desde un interés genuino por aportar algo tangible al ámbito académico y educativo.

Algo importante de mencionar es la diferencia que existe entre países iberoamericanos para referirse a un trabajo conducente a un título universitario o Trabajo de Fin de Título (TFT). En España, que es el país donde resido actualmente, se les llama Trabajo de Fin de Grado (TFG) a aquellos trabajos conducentes a un título de grado como Magisterio, Psicología, Derecho, etc., y Trabajo de Fin de Máster (TFM) a los que derivan de un máster, entendido como un estudio de posgrado como, por ejemplo, Máster en Innovación Educativa, Máster en Psicopedagogía, etc. En el caso de países de América Latina, la forma de denominar este tipo de trabajos es variada. La primera diferencia es que en algunos países se le llama pregrado a lo que en España se llama grado. Asimismo, a lo que en España se le llama máster en otros países se le llama magíster o maestría. Es habitual que, en algunos países, los Trabajo de Fin de Grado se denominen directamente «tesis» o «tesinas». En el caso de los Trabajo de Fin de Máster es posible que en otras naciones se les llame tesis de magíster o tesis de maestría.

Esta aclaración es importante para el desarrollo de este libro, ya que, como su autora, espero llegar a lectores tanto de España como de América Latina. Durante el transcurso del texto, utilizaré mayoritariamente la expresión Trabajo de Fin de Título o sus siglas TFT, pero con ello también me estaré refiriendo a las tesis, tesinas u otros términos similares. En cualquier caso, este trabajo se centra en dar recomendaciones y sugerencias para que las personas que están realizando estudios universitarios puedan llevar a cabo exitosamente el trabajo final que se les solicita dentro de cada titulación. Intentaré proporcionar lineamientos que sean de utilidad para algunas de las modalidades de TFT, siempre con el fin último de facilitarles el proceso, sin quitar, por supuesto, el esfuerzo e intención personal de cada autor.

La estructura de este libro comprende cinco capítulos. El primero se centra en la escritura de un texto académico, lo cual incluye el estilo de redacción, la construcción de los párrafos, la utilizan de los signos de puntuación, aspectos sintácticos relevantes para tener en cuenta y las características de algunas de las distintas modalidades de Trabajo de Fin de Título. Estas tres modalidades son el trabajo de investigación, el proyecto de intervención y la revisión sistemática de la literatura.

Por su parte, el segundo capítulo aborda los primeros pasos para escribir el trabajo, lo que comprende la elección del tema, la revisión de la literatura y la escritura del marco teórico. Luego, el tercer capítulo se focaliza en la parte central del trabajo, que serían los objetivos, la metodología, los resultados y las conclusiones.

En cuanto al cuarto capítulo, en este se abordan los errores frecuentes en los que incurre el estudiante cuando realiza este tipo de trabajos, como son, por ejemplo, los títulos muy extensos, los objetivos poco adecuados o las conclusiones redundantes.

Finalmente, el quinto capítulo se centra en el acto de la lectura y defensa del trabajo, lo que implica la exposición oral como situación comunicativa formal con una estructura lógica, los elementos no verbales y paraverbales que debe tener en cuenta el estudiante y el material de apoyo para la exposición o lectura. También se abordan algunos errores frecuentes en esta parte final del TFT.

Sin más preámbulos les doy la más cordial bienvenida a este libro, que ha sido escrito con esmero, dedicación y siempre pensando en ayudar a los lectores, ¡adelante!

CAPÍTULO 1.
Aprender a redactar textos académicos

Comenzar la escritura de un trabajo académico no es una tarea fácil. Aunque el estudiante tenga una excelente idea para desarrollar, la forma de escribir, en cuanto a estilo, redacción y ortografía, tendrá un rol fundamental a la hora de llegar a la meta. Y no solo de llegar, sino que tendrá incidencia en las dificultades y vicisitudes que el alumnado enfrente durante el proceso. En algunos casos, la escritura académica supone un desafío para los estudiantes, ya que no siempre cuentan con experiencia al respecto. Si bien han estado cursando variadas asignaturas, lo cierto es que la escritura propiamente tal no se enseña en todas.

A esto se suma que cada uno de los alumnos trae consigo distintos niveles de habilidades lingüísticas e interés por el área de la escritura y de la lectura. Personalmente estoy convencida de los beneficios que tiene el hábito lector en el desarrollo de una buena escritura. De acuerdo con Velásquez Ospina y Vallejo Solarte (2021), la lectura favorece el desarrollo de la expresión oral y escrita, la adquisición de nuevo vocabulario y el perfeccionamiento del idioma en cuanto a sus estructuras semánticas y gramaticales.

Al respecto pueden surgir distintas opiniones. Lo que sí está claro es que los primeros escritos que realizan los estudiantes cuando inician el Trabajo de Fin de Título suelen mostrar errores de escritura que luego suelen mejorar gracias a las sugerencias de la persona que les dirige el trabajo. Por ello, este primer capítulo se centra en la escritura, específicamente en aspectos como el estilo de redacción, la estructura de los párrafos, el uso de los signos de puntuación y los elementos gramaticales que se deben tener en cuenta. Al final del capítulo se exponen algunas de las modalidades para la realización de trabajos de esta naturaleza, lo que será fundamental al momento de elegir el tema, plantear los objetivos y enfrentar el desarrollo del trabajo en su conjunto.

1.1. El estilo de redacción

Un problema al cual se enfrenta el estudiantado es decidir qué estilo debe utilizar para escribir un texto de esta envergadura. A veces suelen confundirse y adoptan un estilo reflexivo a través del uso de la primera persona. Para ello usan expresiones como «elegí este tema» o «elegimos este tema porque» y desarrollan todo el texto bajo esa lógica.

Sobre este punto suelen surgir distintas posturas; en mi caso estoy en desacuerdo con la utilización de la primera persona durante gran parte del escrito. Esto se justifica en que un trabajo de esta naturaleza no es un ensayo, por lo tanto, discursivamente no tiene un afán argumentativo-reflexivo.

Un TFT suele ser un trabajo de investigación o bien un proyecto, ya sea de innovación, de mejora o de intervención. Es por ello por lo que a nivel discursivo estará presente principalmente el discurso expositivo. También estará presente el discurso argumentativo, pero en menor medida (esto lo veremos, por ejemplo, en la justificación y en parte de las conclusiones). Asimismo, lo que predominará en un TFT es la tendencia hacia la objetividad de lo que se está exponiendo, lo que justifica aún más la necesidad de usar la forma impersonal.

De forma más concreta, la forma impersonal se puede usar de diferentes formas:

1. Verbos con el pronombre SE antepuesto (oraciones pasivas y oraciones impersonales), por ejemplo:

Se observa que…
Se ha analizado el comportamiento de…
La prueba se realizó mediante…
Se puede concluir que…
Se establecen las siguientes conclusiones…

2. Pasivas perifrásticas (ser + participio del verbo que se quiere usar concordado con el sujeto), por ejemplo:

Las entrevistas fueron analizadas…
Su calidad es considerada como…
El cuestionario ha sido aplicado en…

3. Uso del participio en lugar del verbo, por ejemplo:

Las conclusiones *obtenidas…*
Las lecturas *revisadas…*
La información *detallada* en la siguiente figura…

4. Referencia al trabajo o sus elementos a través de sustantivos, por ejemplo:

Los *resultados* demuestran que…
La *investigación* concluye que…
Con la *observación* de los instrumentos…
La organización de este *trabajo…*

Otro consejo que me gustaría entregarles es el de asumir que están escribiendo un texto académico y en algunos casos científico. Será un trabajo académico porque es una comunicación que refleja el avance del conocimiento en relación con una determinada disciplina (Fuster-Caubet, 2016). Por otra parte, será un texto científico cuando se plantea un objetivo de investigación que implica la recogida de datos empíricos para su cumplimiento, lo cual estará presente en algunas modalidades de TFT, no necesariamente en todas.

Ahora bien, sea un texto académico o científico lo cierto es que para lograr escribirlo el estudiante pondrá en marcha una compleja maquinaria. En ella pondrá en juego las competencias y habilidades lingüísticas que ha adquirido durante su trayectoria académica desde la Educación Primaria hasta la Educación Superior. Esto puede suponer un problema cuando el tesista o alumno no cuenta con una base sólida en términos de escritura.

Esto se verá reflejado en la calidad de su redacción y será posible que quien dirija su trabajo le haga correcciones que irán en la línea de aquellas que se hacen en la Educación Secundaria. En coherencia a lo que mencioné anteriormente, respecto a la importancia de la lectura, dejo abierta la reflexión sobre la relevancia que esta tiene en la trayectoria académica de las personas y cómo su desarrollo, fomento e incremento tiene consecuencias en el desempeño universitario.

Si se retoma el concepto de texto académico, recojo las palabras de Flowers y Hayes (1981), quienes hace más de 40 años señalaron que producir un texto académico requiere la organización de las ideas y de la información proveniente de diversas fuentes. En consecuencia, las habilidades cognitivas y comunicativas de quien escribe deben interactuar armónicamente a lo largo del texto. De esta forma, la transmisión y recibimiento del mensaje serán acertadas. Un error muy habitual de encontrar en este tipo de trabajos es la escasa claridad con que son enunciados y que son intencionadamente complejizados con oraciones o párrafos que pueden expresarse con mucha más simpleza.

Parece que algunos estudiantes piensan que más es mejor, cuando es todo lo contrario, mientras más precisión haya, más claro quedará el mensaje. Veamos el siguiente ejemplo:

> La investigación educativa es útil para los profesores en formación cuando les ayuda a tener una preparación centrada en sus futuras prácticas <u>educativas y pedagógicas</u> (Ball y Forzani, 2009). Los futuros profesores necesitan profesionalizar los aprendizajes que van adquiriendo, <u>también necesitan</u> indagar en datos concretos, comparar realidades educacionales y acceder a los avances en materias de educación. Gracias a la investigación educativa los <u>futuros profesores</u> pueden conocer <u>saberes y conocimientos</u> <u>que estén actualizados</u> sobre su propia práctica docente, lo que <u>les permite</u> contar con una base conceptual <u>que les va a permitir</u> formular, analizar y justificar sus puntos de vista a través de la referencia a un corpus sistematizado de conocimientos (Counsell *et al.*, 2000).

En el párrafo anterior se han subrayado intencionadamente algunas expresiones que sirven para ejemplificar la falta de claridad y precisión en la que suelen caer los estudiantes. Por ejemplo, la primera expresión subrayada «educativas y pedagógicas» se podría simplificar diciendo solamente «educativas», ya que «pedagógicas» no aporta nueva información, con «prácticas educativas» ya se entiende que son pedagógicas.

Posteriormente se observa que la línea 6 dice «los fututos profesores» expresión que no es imprescindible para entender el sentido del texto ya que más arriba se indica que se están refiriendo a ello. Luego, más abajo vemos la expresión «saberes y conocimientos», se puede dejar solo uno ya que ambas palabras se refieren a lo mismo. Para graficar el resto de los ejemplos se vuelve a exponer el mismo párrafo, pero corregido:

> La investigación educativa es útil para los profesores en formación cuando les ayuda a tener una preparación centrada en sus futuras prácticas educativas (Ball y Forzani, 2009). Los futuros profesores necesitan profesionalizar los aprendizajes que van adquiriendo, indagar en datos concretos, comparar realidades educacionales y acceder a los avances en materias de educación. Gracias a la investigación educativa pueden conocer saberes actualizados sobre su propia práctica docente, lo que les permite contar con una base conceptual para formular, analizar y justificar sus puntos de vista a través de la referencia a un corpus sistematizado de conocimientos (Counsell *et al.*, 2000).

Te animo a que leas los dos párrafos de forma consecutiva para que veas la diferencia. Te repito que no es necesario que «adornes» las oraciones con expresiones que no aportan nada o que son redundantes respecto a la idea que se quiera transmitir.

Si bien los párrafos se desarrollan en el siguiente apartado, cabe mencionar que, de acuerdo con Murillo *et al.* (2017), la organización de los párrafos debe ser armónica. Estos autores sugieren pensar en párrafos de unas 10 líneas aproximadamente y sostienen que, si son demasiado largos, añaden una complejidad a la lectura que no se justifica. Por el contrario, si son demasiado breves, se corre el riesgo de que las ideas no estén adecuadamente desarrolladas.

Respeto al tiempo verbal que se utilice, les sugiero que sea el presente, por ejemplo, «esta investigación se basa en» o «el objetivo general del presente trabajo es». Esto con la excepción de que se mencione un acontecimiento pasado, por ejemplo: «la constitución de la Organización de las Naciones Unidas para la Educación, la Ciencia y la Cultura (UNESCO) se adoptó en Londres en 1945 y entró en vigor en 1946».

Ahora bien, se entiende que se use el pasado simple cuando se explica la metodología, por ejemplo: «los participantes *respondieron* un cuestionario y *participaron* en una entrevista semiestructurada».

1.2. La construcción de los párrafos

El párrafo puede ser definido como un conjunto de oraciones que comparten un tema y un contexto comunicativo. Los párrafos de un texto se organizan de una manera secuencial y lógica, así como las oraciones que forman parte de cada uno de ellos. De esto dependerá la cohesión, la coherencia textual y la transmisión correcta del mensaje emitido (Narro-Pérez, 2023).

En cuanto a las características de los párrafos existe cierto consenso respecto a que los podemos identificar en un texto porque se inician siempre con una mayúscula y sobre todo porque al final tienen un punto y aparte. Esto indica que se pasará a otro tema o a otro aspecto del mismo tópico.

Todos los párrafos cuentan con una oración principal la cual indica de qué se habla en el párrafo, y en torno a ella se desarrollan las ideas secundarias. Las oraciones secundarias sirven para fundamentar, argumentar y ampliar la idea principal del párrafo.

El párrafo debe tener unidad, coherencia y cohesión. Tendrá unidad cuando desarrolle solo una idea principal. Tendrá cohesión cuando las oraciones se articulen de forma ordenada y cuando haya conexión a nivel gramatical. Para lograrlo, se hace esencial el uso correcto de los signos de puntuación, el uso de las formas verbales, de los pronombres, conectores, sinónimos, etc. Y, finalmente, el párrafo tendrá coherencia cuando haga referencia al eje temático del texto y cuando las ideas estén conectadas entre sí.

En cuanto al tamaño de los párrafos no existe una única sugerencia. De acuerdo con Alley (1996), una página impresa a espacio doble debe tener dos o tres párrafos. Los párrafos deben tener un promedio de 7 a 14 líneas, aunque es mejor alternar párrafos de esa longitud con párrafos más cortos (3-6 líneas) y párrafos más largos (15-20 líneas). Una secuencia de varios párrafos cortos contiene demasiadas señales de alto y produce una lectura desagradable. Al otro extremo, un párrafo que ocupa la página completa luce abrumador y no invita a la lectura.

Para Ávila (2016), la extensión del párrafo dependerá de motivos tanto conceptuales como estéticos. Conceptualmente, se cambia de párrafo cuando se ha completado un proceso o un concepto. A nivel estético, se cambia de párrafo cuando el texto se ha hecho demasiado extenso y agotador a nivel visual para el lector.

Hay algunos elementos con los que se debe tener especial cuidado en el momento de escribir los párrafos de nuestros trabajos. A continuación, se mencionan y ejemplifican algunos de ellos:

1.2.1. El uso de las oraciones subordinadas

Un tema con el cual se debe tener especial cuidado es el uso de las oraciones subordinadas. Este tipo de oraciones son aquellas que dependen estructuralmente del núcleo de otra oración, llamada oración principal. Cuando hay un uso excesivo de subordinadas pueden surgir dificultades para la comprensión del texto. Veamos el siguiente ejemplo:

El presente trabajo expone los resultados preliminares de la primera etapa del proyecto de innovación (ver anexo 1 y 2), sin considerar los cambios y sugerencias que, entendemos, habrá que precisar con exactitud en posteriores reflexiones y alcances relativos al proyecto.

En este ejemplo, se ha utilizado una oración principal donde el sujeto es «El presente trabajo» y su verbo es «expone». Luego, hay dos subordinadas. La primera subordinada empieza con «sin considerar» y depende de la oración principal. La segunda comienza con «que, entendemos» y depende de la primera subordinada. De esta forma, se ha elaborado una oración compleja, con dos subordinadas que pueden funcionar de forma independiente.

En el manual *Comunicación electrónica. Propuestas para mejorar la calidad de los textos en pantalla*, del Instituto Vasco de Administración Pública (2014), se aconseja que, frente a la tendencia a escribir oraciones largas, la solución pasa por reescribirlas con oraciones más breves. Al dividir la información en unidades más pequeñas, la información compleja es expuesta de un modo más apropiado y fácil de procesar por parte de los lectores.

De esta forma, al reescribir la oración anterior nos quedaría de la siguiente manera:

El presente trabajo expone los resultados preliminares de la primera etapa del proyecto de innovación (ver anexo 1 y 2) sin considerar los cambios y sugerencias. Entendemos que habrá que precisarlos con exactitud en posteriores reflexiones y alcances relativos al proyecto.

Tal como se puede apreciar, se ha puesto un punto y seguido que divide el párrafo en dos oraciones, lo que disminuye la complejidad al texto y lo hace más comprensible.

1.2.2. El uso de las anáforas

La anáfora es un mecanismo mediante el cual un elemento del texto remite a otro que ha aparecido anteriormente. Las palabras que generalmente se usan como elementos anafóricos son los pronombres, los adverbios y los verbos. Por ejemplo: Los **niños** fueron al parque mientras los adultos **les** preparábamos la merienda. En este caso, se ha usado el pronombre «les» para no repetir el sustantivo «niños». Sin esta anáfora, la oración sería: Los **niños** fueron al parque mientras los adultos preparábamos la merienda a los **niños.** Claramente esta oración queda redundante.

El objetivo de la anáfora es evitar la repetición de las palabras que ya se han dicho en el discurso y generalmente la usamos de forma inconsciente, luego de llevar años en el ejercicio natural de la escritura y de la lectura. No debes tener estudios de posgrado para usar anáforas, sin embargo, para pulir nuestra escritura debemos ser más conscientes de su utilización. Cuando los directores de los TFT o tesis revisamos los trabajos de los estudiantes solemos encontrar errores relacionados con la repetición innecesaria de palabras. Les dejo un ejemplo que muestra un caso de repetición y también de la forma correcta de usar las anáforas:

> (…) De manera prácticamente generalizada, los **estudiantes de magisterio** le atribuyen una utilidad positiva a la investigación educativa al observar***la*** como una herramienta que permite identificar situaciones que necesitan ser optimizadas. **Los estudiantes de magisterio *la*** ven como una posibilidad de observar de manera analítica diversos aspectos de la educación y están convencidos de que ***su*** lectura debe posibilitar la mirada crítica de la realidad en la que los educadores están inmersos diariamente.

En el ejemplo vemos en negrita la expresión «los estudiantes de magisterio», la cual se repite dos veces. Para volver a mencionar al mismo sustantivo se pueden usar sinónimos o pronombres, por ejemplo:

> De manera prácticamente generalizada, los **estudiantes de magisterio** le atribuyen una utilidad positiva a la *investigación educativa*

al observarla como una herramienta que permite identificar situaciones que necesitan ser optimizadas. **Estos participantes *la*** ven como una posibilidad de observar (...)

También se podría usar el pronombre «ellos» o la expresión «los futuros profesores».

En el párrafo expuesto más arriba aparecen con negrita y cursiva algunas expresiones como «la» y «su». Estas son un ejemplo de la forma correcta en que se pueden usar elementos anafóricos, ya que todas aluden a la expresión «investigación educativa» sin necesidad de repetirla de forma literal.

Ahora bien, hay que tener cuidado en los casos en los cuales, para evitar repetir mucho una palabra, se suprime a tal nivel que te hace falta el sujeto de la oración. Lo explicaré mejor a través del siguiente ejemplo, que ha sido extraído de un artículo que me pidieron evaluar y al cual le modifico cierta información para no comprometer el anonimato de los autores:

> *Los participantes en este estudio, fueron 150 encuestados de un total de 2000 miembros del área de Ciencias Sociales pertenecientes al Sistema Nacional de Investigadores de Guatemala. El muestreo fue por conveniencia. Se les envió una invitación electrónica para participar respondiendo un formulario digital. Poseen un promedio de edad de 52.7 años.*

En primer lugar, el párrafo presenta problemas en el uso de los signos de puntuación, ya que no debería haber una coma antes del verbo «fueron» en la primera línea (que es la llamada coma criminal). Luego, vemos que el sujeto de la oración es «participantes». Tal como se puede observar, en la primera línea usa un sinónimo para referirse a él, como «encuestados», lo cual es correcto. Sin embargo, en la segunda oración del párrafo, si bien se usa el pronombre «les», no queda del todo clara la información, ya que falta más conexión entre las oraciones y hace falta un sustantivo. Veamos otra vez el ejemplo, pero escrito de forma más adecuada:

> *Los participantes en este estudio fueron 150 encuestados de un total de 2000 miembros del área de Ciencias Sociales pertenecientes al Sistema Nacional de Investigadores de Guatemala. El muestreo utilizado fue por conveniencia. A los profesionales se les envió una invitación electrónica para participar a través de un formulario digital. Su promedio de edad es de 52,7 años.*

Como vemos, se ha quitado la coma entre «estudio» y «fueron» y en la tercera línea se ha agregado la expresión «a los profesionales (...)», que permite conectar nuevamente con el sujeto de la oración. También se suma el pronombre posesivo «su» para marcar con mayor claridad la información relativa a la edad promedio de los participantes y se elimina el gerundio «respondiendo» para reemplazarlo por «a través de».

1.2.3. El uso de los incisos explicativos

Según la Real Academia Española (RAE) un inciso es una expresión dotada de autonomía gramatical que se intercala en otra para explicar algo relacionado con esta. Por ejemplo: «El adolescente, que ya comenzaba a crecer, se sentía cada vez más implicado en sus estudios», el inciso sería: «que ya comenzaba a crecer». Otro ejemplo sería: «Arica —la ciudad de la eterna primavera— tiene un clima estupendo», donde el inciso es «la ciudad de la eterna primavera». Un último ejemplo sería: «Mi padre (carnicero de profesión) era un experto en comida típica», en el cual «carnicero de profesión» sería el inciso. Tal como vemos en los ejemplos, los incisos se marcan con comas, rayas o paréntesis.

Si bien los incisos entregan explicaciones sobre lo que se transmite en la oración, no deben resultar esenciales para la comprensión cabal de la información. Dado su carácter explicativo, los incisos pueden ser eliminados sin que cambie profundamente el significado del enunciado del que forma parte. Veamos un ejemplo, los incisos se han marcado con cursivas:

La educación especial, *fundamental para atender las necesidades diversas de los estudiantes*, aborda de manera integral la diversidad de habilidades y estilos de aprendizaje. En este contexto, *y para establecer los ajustes pedagógicos necesarios*, es esencial destacar la importancia de la adaptación curricular. Lograr el diseño de planes individualizados requiere, *además de voluntades institucionales,* de la colaboración estrecha entre docentes, especialistas y familias.

Al eliminarse los incisos, el resultado es el siguiente:

La educación especial aborda de manera integral la diversidad de habilidades y estilos de aprendizaje. En este contexto es esencial destacar la importancia de la adaptación curricular. Lograr el diseño de planes individualizados requiere de la colaboración estrecha entre docentes, especialistas y familias.

Como vemos, el párrafo gana en precisión y simpleza, algo fundamental para favorecer la claridad y la comprensión.

La sugerencia respecto al uso de los incisos es que se usen con moderación, ya que estas estructuras alargan las oraciones y acrecientan su complejidad. Cuando hay varios incisos se exige más atención a los lectores y es habitual tener que releer varias veces el texto para poder comprenderlo a cabalidad (Cassany, 2007).

Si consideramos que algún inciso es importante podemos mantenerlo, pero siempre teniendo presente que se deben usar con cuidado. En el ejemplo anterior haremos la prueba si mantenemos uno de ellos. El criterio será quedarnos con aquel inciso que entregue información relevante y que sirva para dinamizar el párrafo o hacerlo más comprensible:

La educación especial aborda de manera integral la diversidad de habilidades y estilos de aprendizaje. En este contexto es esencial destacar la importancia de la adaptación curricular. Lograr el diseño de planes individualizados requiere, *además de voluntades institucionales*, de la colaboración estrecha entre docentes, especialistas y familias.

Tal como se observa, nos hemos quedado con el inciso «además de voluntades institucionales», ya que entrega información al señalar que el trabajo de las instituciones también será relevante al momento de diseñar planes individualizados.

También puede ocurrir que se use un solo inciso, pero que tenga tal magnitud que, al leerlo en voz alta, literalmente te quedas sin aire. Al respecto, Cassany (2007, p. 80) proporciona el siguiente ejemplo:

La memoria a corto plazo, *también llamada memoria activa o primaria —y a veces memoria de trabajo, aunque esta última denominación reformula más recientemente el concepto previo, al incorporar la noción de manipulación activa de la información, por oposición al almacenamiento pasivo de datos—,* es el tipo de memoria que guarda unos pocos datos durante algunos segundos.

Se hace imposible leer este párrafo sin sentir un agotamiento. Este error es bastante habitual de encontrar en los Trabajos de Fin de Título y es algo que debes intentar mejorar.

Otro error habitual de encontrar es la presencia de dos supuestos incisos seguidos uno del otro. Hace unos días me llegó un artículo para evaluar para una revista indexada. Uno de sus párrafos comenzaba de la siguiente manera (se ha modificado alguna expresión para respetar el anonimato de quien lo escribió):

Con respecto a la edad y experiencia investigativa, **algunos estudios señalan que, en las Ciencias Naturales y Físicas,** los investigadores empiezan publicando pocos artículos (…).

Tal como se puede observar, primero se usan las comas en la expresión «algunos estudios señalan» y luego se pone entre comillas la expresión «en las Ciencias Naturales y Físicas». En este caso, vemos que la primera expresión puesta entre comillas tiene una coma de sobra, que es la anterior a la palabra «algunos». Sin esa coma el párrafo se lee de la siguiente manera:

Con respecto a la edad y experiencia investigativa **algunos estudios señalan que, en las Ciencias Naturales y Físicas,** los investigadores empiezan publicando pocos artículos (…).

Como vemos, la información queda mejor, más clara y comprensible si se deja solo un inciso, que sería: **en las Ciencias Naturales y Físicas.** En este caso ha sido relevante el uso correcto de los signos de puntuación, aspecto que se aborda en el punto 1.3.

1.2.4. El uso del gerundio

Otro elemento gramatical importante para tener en cuenta cuando escribimos textos académicos y/o científicos es el uso del gerundio. Recordemos que el gerundio es una forma no personal del verbo, al igual que el infinitivo y el participio (infinitivo: estudiar; gerundio: estudiando; participio: estudiado).

La forma correcta de usar el gerundio es cuando su contenido se interpreta como simultáneo a la acción o proceso al que refiere verbo principal. Por ejemplo:

- Llegaron corriendo.
- Me quedé impresionada observando la escena.
- Buscando las llaves encontré las gafas.

También puede expresar anterioridad inmediata, por ejemplo: «cocinando una pasta hizo una deliciosa cena».

Hay dos errores en el uso del gerundio que son importantes de precisar. Uno de ellos es el uso del gerundio como posterioridad, que es cuando se utiliza para indicar posterioridad a la acción principal. Veamos el siguiente ejemplo: «Los alumnos no prepararon adecuadamente el examen, obteniendo bajas calificaciones cuando lo rindieron». La acción de obtener es posterior al verbo principal (prepararon). La oración se podría corregir de la siguiente manera: «Los alumnos no prepararon adecuadamente el examen y obtuvieron bajas calificaciones cuando lo rindieron».

Veamos otro ejemplo:

> Para mí la investigación educativa significa una forma de adquirir más conocimiento sobre mi profesión. A través de ella puedo acceder a información actualizada, preparando mejor mis clases.

En este caso, la acción de preparar (las clases) es posterior al verbo principal (puedo mejorar). La oración se podría corregir de la siguiente manera: «A través de ella puedo acceder a información actualizada y preparar mejor mis clases».

Respecto al uso del gerundio con posterioridad este se admite cuando las dos acciones son tan inmediatas que prácticamente se entienden como simultáneas, por ejemplo: «Hizo un ejercicio sin calentamiento, lesionándose una de sus piernas». También cuando el gerundio indica la consecuencia de lo expresado en el verbo principal: «el sismo fue muy fuerte, obligando a los habitantes a evacuar las viviendas».

El otro error es usar el gerundio cuando no determinan verbos. Los gerundios determinan verbos y es un error utilizarlos como adjetivos, por ejemplo, «vieron al cachorro comiendo». En este caso, «comiendo» determina a «cachorro» y no al verbo «vieron», por lo que es un error (debiera haberse dicho «vieron a un cachorro mientras comía»). Solo hay dos excepciones a esta norma, «hirviendo» y «ardiendo» (echó agua hirviendo»). Este error es frecuente de encontrar en títulos de textos de todo tipo, por ejemplo, «Aprendiendo a cocinar», «Descubriendo el mundo», «Aprendiendo el alfabeto», etc.

Este error ha sido el que personalmente me ha costado más erradicar, de hecho, hasta hace poco lo utilizaba de forma incorrecta. Por ahí tengo un trabajo que se titula: *Cerrando la brecha entre la investigación educativa y la práctica docente: una propuesta teórica*. Como vemos, el gerundio «cerrando» no determina a ningún verbo, por lo que un título más adecuado podría haber sido: «Cerrar la brecha entre la investigación educativa y la práctica docente: una propuesta teórica» o «La brecha entre la investigación educativa y la práctica docente: una propuesta teórica».

1.3. La utilización de los signos de puntuación

En el apartado 1.2 se abordó la estructura de los párrafos. Allí se mencionó el problema de la extensión de estos y de la importancia de construirlos adecuadamente. También se entregaron algunas sugerencias gramaticales importantes para tener en cuenta.

Un elemento relacionado con la construcción de los párrafos es el uso de los signos de puntuación. La primera sugerencia que les quiero transmitir, que suena un poco obvia, es que se utilice al menos un signo de puntuación dentro de cada párrafo. A veces podemos encontrarnos con autores que escriben sin parar y no toman en cuenta la importancia de las pausas gramaticales, que tan relevantes son que tan relevantes son en textos escritos y orales. A continuación, se expone un ejemplo de un párrafo que no usa prácticamente ningún signo de puntuación:

> Entre las tantas definiciones de investigación educativa que han surgido a lo largo del tiempo existe un elemento que se reitera la investigación educativa tiene la función entre otras cosas de aportar conocimientos que contribuyan a la mejora de los procesos educativos de las escuelas y de la práctica docente (Blaikie, 2009; McMillan y Schumacher, 2005; Mertler, 2015) sin duda esta función suena prometedora, pero ¿es lo que ocurre en la realidad? ¿la investigación educativa está contribuyendo a la educación en términos reales y concretos?

Como se puede observar, los únicos signos de puntuación que están presentes en el párrafo son los de interrogación, los demás están complemente ausentes. Esto, sin duda, afecta la calidad del texto y la comprensión de la información. Una clásica sugerencia para evitar este error y que no pierde vigencia es que se lean las oraciones en voz alta.

Al hacerlo, la persona se va quedando sin aire y se le hace imposible continuar leyendo. Esa falta de aire es un indicio claro de que faltan signos de puntuación. La puntuación deficiente nos obliga a leer las oraciones varias veces para tratar de entenderlas o hace que adquieran un significado dudoso o hasta totalmente distinto.

Si bien todos tenemos alguna noción sobre el uso de los signos de puntuación, en este libro haremos una síntesis donde expondremos algunos de ellos con su respectiva descripción y un ejemplo. La información ha sido extraída del Diccionario panhispánico de dudas de la Real Academia Española (2005):

Signo	Descripción
El punto (.)	Signo de puntuación cuyo uso principal es señalar gráficamente la pausa que marca el final de un enunciado —que no sea interrogativo o exclamativo—, de un párrafo o de un texto. La palabra que sigue al punto se escribe siempre con inicial mayúscula. A. Si se escribe al final de un enunciado y a continuación, en el mismo renglón, se inicia otro, se denomina punto y seguido. Por ejemplo: «Andrea se destacaba entre las profesoras de ese colegio. Era una profesional muy preparada y además empática con los estudiantes». B. Si se escribe al final de un párrafo y el enunciado siguiente inicia un párrafo nuevo, se denomina punto y aparte. El punto y aparte es el que separa dos párrafos distintos ya que suelen desarrollar, dentro de la unidad del texto, ideas o contenidos diferentes. Por ejemplo: Cualquier materia puede clasificarse en homogénea y heterogénea, de acuerdo con ciertas pautas. La materia homogénea es aquella que tiene la misma composición y aspecto en cualquiera de sus partes. Si se escribe al final de un escrito o de una división importante del texto, se denomina punto final. Por ejemplo: Y colorín colorado, este cuento se ha acabado. Otros aspectos sobre el uso del punto que pueden ser relevantes para escribir un trabajo de fin de título son los siguientes:

<table>
<tr><td></td><td>No debe escribirse punto tras los signos de cierre de interrogación o de exclamación, aunque con ellos termine el enunciado; está, pues, incorrectamente puntuada la secuencia siguiente: «¿Quieres venir?.». Solo debe escribirse punto si tras los signos de interrogación o de exclamación hay paréntesis o comillas de cierre: «Se puso a comer con muchas ganas (¡vaya hambre que tenía!).».

Nunca se escribe punto tras los títulos y subtítulos de libros, artículos, capítulos, obras de arte, etc., cuando aparecen aislados y son el único texto del renglón, por ejemplo:

1. Introducción

Para más información, consulta el siguiente enlace: https://www.rae.es/dpd/punto</td></tr>
<tr><td>La coma (,)</td><td>Signo de puntuación que indica normalmente la existencia de una pausa breve dentro de un enunciado. Se escribe pegada a la palabra o el signo que la precede y separada por un espacio de la palabra o el signo que la sigue. Aunque en algunos casos el usar la coma en un determinado lugar del enunciado puede depender del gusto o de la intención de quien escribe, existen comas de presencia obligatoria en un escrito para que este pueda ser correctamente leído e interpretado. Estos casos son:

A. Para delimitar incisos. Por ejemplo: «Cuando llegó Adrián, el marido de mi hermana, todo se aclaró». En este caso, la coma sí indica pausa y el inciso se lee en un tono más grave que el del resto del enunciado.
B. Para separar o aislar elementos u oraciones dentro de un mismo enunciado. Sobre este aspecto hay varios casos, para efectos de este trabajo se mencionan dos:

La coma separa los elementos de una enumeración: «Ayer me compré dos vestidos, un pantalón, una chaqueta y dos pares de zapatos».

Se aíslan entre comas los sustantivos que funcionan como vocativos, esto es, que sirven para llamar o nombrar al interlocutor: Paulo, ven aquí a lavarte los dientes.</td></tr>
</table>

	Son muchos los usos de la coma, para conocer la información en detalle se sugiere consultar el siguiente enlace: https://www.rae.es/dpd/coma Otros aspectos sobre el uso de la coma que pueden ser relevantes para escribir un TFT o tesis: Es incorrecto escribir coma entre el sujeto y el verbo de una oración, incluso cuando el sujeto está compuesto de varios elementos separados por comas. Este uso incorrecto de la coma suele llamarse «coma criminal» o «coma asesina» en algunos países de América Latina y es un error muy frecuente. Es habitual que quienes dirigen este tipo de trabajos deban corregir este aspecto y decirles a los estudiantes que están haciendo un uso incorrecto de la coma. Otros ejemplos de este error serían los siguientes: • El presente trabajo, tiene como objetivo principal analizar las políticas de acceso a la Educación Superior. La coma antes de la forma verbal «tiene» no debería estar presente y debería decir: «El presente trabajo tiene como objetivo principal (…)». • Los resultados de la investigación, muestran que los estudiantes tienen mejores valoraciones de sus profesores cuando (…). En este caso la coma antes de la forma verbal «muestran» debe ser eliminada, de hecho, es habitual que Word nos marque esas comas como incorrectas.
El punto y coma (.,)	Signo de puntuación que indica una pausa mayor que la marcada por la coma y menor que la señalada por el punto. Es el signo de puntuación que presenta un mayor grado de subjetividad en su empleo, pues, en muchos casos, es posible optar por otro signo, como el punto y seguido, los dos puntos o la coma. Algunos de sus usos son los siguientes: A. Para separar los elementos de una enumeración cuando se trata de expresiones complejas que incluyen comas: Cada grupo irá por un lado diferente: el primero, por la izquierda; el segundo, por la derecha.

	B. Para separar oraciones sintácticamente independientes entre las que existe una estrecha relación semántica: Era necesario que el hospital permaneciese abierto toda la noche; hubo que establecer turnos. C. Se pone punto y coma detrás de cada uno de los elementos de una lista o relación cuando se escriben en líneas independientes y se inician con minúscula, salvo detrás del último, que se cierra con punto: Conjugaciones en español: - verbos terminados en -ar (primera conjugación); - verbos terminados en -er (segunda conjugación); - verbos terminados en -ir (tercera conjugación). Para conocer más información sobre este signo de puntuación se sugiere consultar el siguiente enlace: https://www.rae.es/dpd/punto%20y%20coma
Los dos puntos (:)	Signo de puntuación que delimita unidades lingüísticas y cuya función es detener el discurso para llamar la atención sobre lo que sigue, que siempre está en estrecha relación con el texto precedente. Esto implica que tiene un valor anunciativo. Como signo de puntuación, se escribe pegado a la palabra o el signo antecedente, y separado por un espacio de la palabra o el signo siguiente. Algunos de sus usos son los siguientes: A. Se escriben dos puntos ante enumeraciones de carácter explicativo, las cuales van precedidas de un elemento anticipador: «Ayer me compré dos prendas de vestir: un pantalón y una camiseta». No se usan los dos puntos en las enumeraciones que carecen de elemento anticipador, por ejemplo: «En la reunión había representantes de: Bélgica, Holanda y Luxemburgo».

	B. Cuando se anticipan los elementos de la enumeración, los dos puntos sirven para cerrarla y dar paso al concepto que los engloba: «Natural, sana y equilibrada: así debe ser una buena alimentación». C. Sirven para separar una ejemplificación del elemento anticipador que la introduce: «De vez en cuando tiene algunos comportamientos inexplicables: hoy ha venido a la oficina en zapatillas». D. Preceden a la reproducción de citas o palabras textuales, que deben escribirse entre comillas: «Ya lo dijo Gabriela Mistral: "Donde haya un árbol que plantar, plántalo tú".». E. Causa-efecto: «Se ha quedado sin ir al concierto: no podrá reencontrarse con sus amigos». Para conocer más información se sugiere consultar el siguiente enlace: dos puntos | Diccionario panhispánico de dudas | RAE - ASALE
Los paréntesis ()	Signo de puntuación que se usa normalmente para insertar en un enunciado una información complementaria o aclaratoria. Los paréntesis se escriben pegados a la primera y la última palabra del periodo que enmarcan, y separados por un espacio de las palabras que los preceden o los siguen. Algunos ejemplos de su uso son los siguientes: A. Cuando se interrumpe el enunciado con un inciso aclaratorio o accesorio: «La reunión será breve (la última duró prácticamente dos horas) y se realizará de forma virtual». Aunque también las comas y las rayas se utilizan para enmarcar incisos, el uso de los paréntesis implica un mayor grado de aislamiento de la información que encierran con respecto al texto en el que se inserta. Por ello, los incisos entre paréntesis suelen ser oraciones con sentido pleno y poca o nula vinculación sintáctica con los elementos del texto principal.

	B. Para intercalar algún dato o precisión, como fechas, lugares, el desarrollo de una sigla, el nombre de un autor o de una obra citados, etc.: «El año de su nacimiento (1616) es el mismo en que murió Cervantes». «Toda su familia nació en Guadalajara (México)». Para conocer más información se sugiere consultar el siguiente enlace: paréntesis | Diccionario panhispánico de dudas | RAE - ASALE

El detalle de la información relativa a los signos de puntuación es especialmente extenso. Es por ello por lo que en este trabajo se han mencionado solo algunos de ellos. A continuación, se exponen algunos enlaces que pueden ser de utilidad para conocer con mayor profundidad este tema:

- Los signos de interrogación (¿?) y dc exclamación: https://www.rae.es/dpd/interrogaci%C3%B3n
- Los corchetes ([]): https://www.rae.es/dpd/corchete
- Las comillas («»): comillas | Diccionario panhispánico de dudas | RAE - ASALE

1.4. Uso adecuado de la sintaxis: una aliada para escribir bien

Un aspecto muy importante que hay que tener en cuenta en el momento de escribir un texto es la legibilidad lingüística. Ello implica usar frases cortas con estructuras gramaticales sencillas, lejos de estilos recargados. Por defecto, la organización de la oración ha de ser «sujeto-verbo-predicado», de tal forma que resulten frases sencillas y donde el verbo esté en su lugar natural. El abuso de oraciones subordinadas, incisos y gerundios son las causas que con más frecuencia hacen incomprensible un texto. También, es una buena sugerencia evitar adjetivos que no aportan información relevante.

Me imagino que muchos de ustedes recuerdan aquella época escolar en la que nos enseñaban el análisis sintáctico de las oraciones: sujeto, predicado, complementos, etc. A veces se tornaba más complejo, ya que nos pedían no solo el análisis sintáctico, sino que también el morfológico. Con esto, enfrentábamos el desafío de identificar a qué categoría gramatical pertenecía cada una de las palabras de una oración (sustantivos, verbos, adjetivos, pronombres, etc.); y a la vez debíamos analizar la función sintáctica de las diferentes estructuras. Si bien todas estas enseñanzas en algunos casos se volvían difíciles, aburridas y monótonas, lo cierto es que nos dieron una importante base para la escritura de los textos que construimos en la actualidad. No haber prestado atención a estos contenidos o haber obtenido bajas calificaciones en el análisis de oraciones no nos convierte en malos escritores, sin embargo, hay personas a las cuales esta base les sirve hasta el día de hoy sin siquiera ser conscientes de ello.

Vamos a detenernos un poco más en el concepto de sintaxis. De acuerdo con el Diccionario de la Real Academia Española (2014), la sintaxis es la parte de la gramática que estudia el modo en que se combinan las palabras y los grupos que estas forman para expresar significados, así como las relaciones que se establecen entre todas esas unidades.

El problema de lo que nos enseñaban en la época escolar (me refiero a los años 90 e inicios del 2000) es que la sintaxis se mostraba a través de memorización de categorías y clasificaciones que debíamos aplicar en textos rígidos y en ocasiones poco contextualizados. Al menos en mi caso faltaron más ejercicios prácticos con oraciones que estuvieran más cerca del entorno de los estudiantes y su aplicación en entornos comunicativos reales.

Para empezar a mejorar nuestra escritura a nivel sintáctico es importante tener en cuenta algunas consideraciones, por ejemplo:

Sujeto: quién realiza una acción.

Predicado: qué acción se realiza.

Siempre se debe tener presente que toda acción se expresa mediante un verbo (que, por cierto, hay que saber conjugar correctamente) y que en toda oración debe haber concordancia de persona y número entre el sujeto y el predicado. Por ejemplo:

Las escuelas (núcleo del sujeto) abrirán (núcleo del predicado) los primeros días de septiembre. Concordancia: 3ra persona del plural.

Yo (núcleo del sujeto) me dirigiré (núcleo del predicado) al público esta tarde. Concordancia: 1ra persona del singular

Cuando una persona comienza a escribir textos académicos debería hacerlo por el orden natural de las oraciones: sujeto, verbo y predicado. De esta forma evitará cometer los típicos errores de concordancia y es una buena forma de empezar a escribir bien.

En la medida en que la persona va tomando más experiencia en el ejercicio de la escritura, será capaz de producir estructuras más complejas a nivel sintáctico. Esto le permitirá alterar el orden sujeto-verbo-predicado, con lo que generará oraciones compuestas, dando variedad sintáctica a sus textos.

Otro aspecto importante a nivel sintáctico que debemos tener en cuenta al momento de escribir nuestros textos es el uso de los complementos del verbo. Me refiero al complemento directo, indirecto y circunstancial. Recordemos que el complemento directo es la parte de la oración sobre la que recae la acción del verbo y se identifica con la pregunta ¿qué es lo + verbo en participio?, por ejemplo: «Los estudiantes consultaron los apuntes»; ¿qué es lo consultado?: los apuntes, siendo esta expresión el complemento directo. Para saber si estamos ante un complemento directo, hay que sustituirlo por los pronombres «lo, la, las, los», por ejemplo: «Los estudiantes *los* consultaron».

El complemento indirecto es la parte de la oración que recibe de forma indirecta la acción del verbo, se introduce con la preposición «a» y se puede identificar con la pregunta: ¿a quién o para quién?, por ejemplo: «Los estudiantes hicieron las consultas a la profesora», donde «a la profesora» es el complemento indirecto. Es conmutable por el pronombre «le, les», por ejemplo: «Los estudiantes *le* hicieron las consultas».

Por su parte, el complemento circunstancial se encarga de precisar las circunstancias en las que se desarrolla la acción del verbo. La tipología de estos complementos es una de las más variadas, ya que podemos encontrar complementos circunstanciales de modo (el tren viene muy lento), de tiempo (iremos al parque el fin de semana), de lugar (Sara tiene una casa en La Serena), de causa (llegaré tarde porque hay tráfico), de finalidad (compré pasteles para la merienda), de cantidad (te extraño mucho), de instrumento (me persuadió con una mirada), de compañía (esta noche cenaremos con mi madre), etc.

Como su propio nombre indica, los complementos circunstanciales no son estrictamente necesarios para que la oración tenga pleno sentido; es decir, estos añaden información extra a lo dicho por el verbo: «Sara tiene una casa en La Serena»; «en La Serena» es un complemento circunstancial que no es imprescindible para comprender el significado del verbo.

Ahora viene lo importante y lo que tiene relación con la forma de escribir textos. Estos tres complementos suelen ir uno detrás del otro en el mismo orden en que han sido explicados anteriormente: 1. Complemento directo 2. Complemento indirecto 3. Complemento circunstancial. Cuando estés escribiendo las oraciones detente a pensar un poco si estás siguiendo esta lógica. Veamos un ejemplo:

La importancia de que se logre esta mirada reconciliadora con la investigación.

En este caso tenemos el verbo lograr (logre) y luego tenemos el complemento directo (CD) «esta mirada reconciliadora», ya que responde a la pregunta ¿qué es lo logrado?, posteriormente vemos el complemento circunstancial (CC) «con la investigación». Esta oración respeta el orden correcto de los complementos. Veamos un par de ejemplos donde esto no sucede:

A la profesora los estudiantes le dejaron sus consultas.

En este caso vemos que el complemento indirecto (CI) está antes que el CD «sus consultas». Además, no queda bien a nivel sintáctico que el CI aparezca antes que el verbo. La forma correcta de escribir esta oración sería: «Los estudiantes le dejaron las consultas a la profesora».

Veamos otro ejemplo:

Debido a las alzas de precios, los estudiantes llevaron a cabo manifestaciones.

Acá vemos que el CC está antes que el sujeto «los estudiantes» y antes que el CD «manifestaciones». La forma correcta de escribir esta oración sería: «Los estudiantes llevaron a la cabo manifestaciones debido a las alzas de los precios».

Te sugiero que tengas en cuenta estas acotaciones al momento de escribir tu trabajo y que cuando tengas dudas sintácticas te detengas un poco a pensar en las funciones y orden de estos tres complementos. Habrá casos en que se moverán, no siempre estará uno detrás del otro, eso te lo va a entregar la experiencia y la complejidad sintáctica del texto que estés escribiendo. De todas maneras, es muy positivo que manejes esta información y la utilices adecuadamente.

Otros elementos que se sugiere tener en cuenta cuando escribas tu trabajo son las siguientes:

SUGERENCIA	EXPLICACIÓN
Cuidado con el estilo nominal.	Sucede cuando reemplazamos un verbo por un sustantivo que se complementa con otro verbo, por ejemplo: en vez de decir el verbo *evaluar* decimos *efectuar la evaluación.* La consecuencia del uso excesivo del estilo nominal es la presencia de un texto con demasiados sustantivos. Veamos el siguiente ejemplo: *Las personas investigadoras analizarán los datos.* Vemos que se usa el verbo analizar en el tiempo futuro *analizarán.* Con el estilo nominal se diría: las personas investigadoras *llevarán a cabo el análisis* de los datos. Como vemos, el verbo analizar se usa como sustantivo y se agrega la forma verbal «llevarán a cabo». La oración es gramaticalmente correcta, sin embargo, se recomienda que las uses con moderación.
Evita las negaciones.	Las oraciones negativas son más difíciles de entender, ya que requieren de más atención que las afirmativas (Cassany, 2007). Podemos reemplazarlas con expresiones positivas. Por ejemplo: *Los profesores no se reunirán con la dirección del colegio* se puede sustituir por: *los profesores cancelaron la reunión con la dirección del colegio.*
Prefiero un estilo activo por sobre el pasivo.	Frente a oraciones pasivas como «El árbol fue derribado por los leñadores» se sugiere usar la voz activa, o sea: «Los leñadores derribaron el árbol».

Fuente: Elaboración propia

A continuación, se expondrán los ocho consejos para escribir frases eficientes que entrega Cassany (2007, p. 111):

1. ¡Ten cuidado con las frases largas! Vigila las que tengan más de 30 palabras. Comprueba que se lean fácilmente.
2. Elimina las palabras y los incisos irrelevantes. Quédate solo con lo esencial.
3. Sitúa los incisos en la posición más oportuna: que no separen las palabras que están relacionadas.
4. Busca el orden más sencillo de las palabras: sujeto-verbo y complementos. Evita las combinaciones rebuscadas.
5. Coloca la información relevante en el sitio más importante de la frase: al principio.
6. No abuses de las construcciones pasivas, de las negaciones ni del estilo nominal, que oscurecen la prosa.
7. Deja actuar a los actores: que los protagonistas de la frase suban al escenario, que actúen de sujeto y objeto gramaticales.
8. ¡No tengas pereza de revisar las frases! Tienes que elaborar la prosa si quieres que sea enérgica y que se entienda.

Actualmente existen redactores asistidos que facilitan la identificación de errores gramaticales y léxicos. La irrupción de la Inteligencia Artificial ha lanzado algunos que te corrigen directamente el texto, lo cual no me parece tan adecuado para personas que están empezando a escribir este tipo de trabajos. Si te lo corrige completamente, ¿qué aprendizaje estás sacando? Y cuidado, que estoy abierta a aprender sobre IA y he estado leyendo, aprendiendo y haciendo un par de cursos sobre su utilización en estas vacaciones.

En el fondo, mi postura defiende que los asistentes de redacción deben ayudarnos a identificar debilidades y darnos sugerencias de mejora, pero debemos ser nosotros quienes tomemos las decisiones.

Para ello les recomendaré un redactor asistido que es gratuito, en línea, no exige registro y permite varios formatos de exportación. Me refiero a artText, que ha sido llevado a cabo en la Universidad Nacional de Educación a Distancia (UNED) y que ofrece recomendaciones específicas sobre la estructura y la redacción del género textual, además de aportar sugerencias lingüísticas para lograr que tu texto sea más claro y comprensible. Este redactor incorpora recursos y estrategias de PLN (Procesamiento del Lenguaje Natural), que es una rama de la inteligencia artificial.

Su web es la siguiente: http://sistema-artext.com/#sobre-artext

Dentro de ella encontrarás un tutorial sobre su uso, además de un manual y un ejemplo.

1.5. Características de las distintas modalidades de Trabajo de Fin de Título

En el caso de España los estudiantes que enfrentan la elaboración de un TFT pueden decidir qué modalidad llevarán a cabo, ya sea una investigación, un proyecto de intervención, etc. En América Latina es más habitual que un trabajo de Fin de Máster tenga un enfoque investigativo. A continuación, se entregarán características de tres modalidades de trabajo de fin de título y se darán lineamientos sobre los aspectos que debes de tener en cuenta al momento de elegir cada una de ellas. Estas modalidades son: trabajo de investigación, proyecto de intervención y revisión sistemática de la literatura. Antes de abordar cada una de ellas es importante mencionar que pueden existir otras modalidades, y que esto dependerá de lo que establezca cada institución.

1.5.1. Trabajo de investigación

Las características de un trabajo de investigación como modalidad de TFT puede variar según dos factores. El primero es si se trata de un trabajo de grado (llamado pregrado en algunos países de América Latina) o posgrado. El segundo es si se trata de una investigación donde se recogerán datos o si se realizará un proyecto de investigación hipotético o teórico.

El primer punto condicionará la complejidad del texto y la exigencia a la que se verá sometido en la evaluación. En el grado se entiende que los estudiantes han tenido pocas experiencias en el ámbito investigativo, a diferencia del posgrado de nivel máster, donde se espera que los estudiantes hayan tenido una experiencia más prolongada y profunda con la investigación. También influirá si se ha seguido un máster profesionalizante o académico. Esta diferencia es más habitual de encontrar en países de América Latina. Un máster académico es de investigación y pueden conducir al doctorado, en cambio un magíster profesionalizante entrega herramientas para potenciar el desarrollo profesional en alguna determinada área. Desde este punto de vista será un máster académico el que implique mayor exigencia en la elaboración de un TFT de modalidad investigación.

El segundo punto importante, y que tiene relación con si se trata de una investigación que se aplicará o de un proyecto de investigación, dependerá de los lineamientos que establezca cada universidad en las guías didácticas que se suelen entregar a los estudiantes. Allí se especifican las modalidades de TFT que el alumno puede elegir y se desglosan las partes que este debe contener.

Algunas universidades dan la opción al alumnado de realizar un proyecto de investigación que no implique recogida de datos empíricos. Esto significa que será un proyecto hipotético donde el estudiante plantea objetivos, metodología, pero que en los resultados esboza algunos hallazgos que idealmente se podrían conseguir. Las conclusiones también se basan en lo hipotético. Por otra parte, existen los trabajos de investigación que implican recoger datos empíricos y analizarlos. Nos vamos a centrar en estos últimos para profundizar en este tema.

Lo primero que debemos hacer es definir qué se entiende por una investigación. Una investigación es un proceso sistemático y organizado de búsqueda, recopilación, análisis de información y generación de conocimiento. Entre sus objetivos se encuentra el responder a preguntas relativas al problema de investigación, resolver problemas o adquirir un mayor entendimiento sobre un tema particular.

Si aterrizamos el concepto de investigación en el plano educativo veremos que existen varias definiciones al respecto. Asimismo, se debe tomar en cuenta que la investigación educativa ha ido adoptando nuevos significados de acuerdo con los nuevos enfoques y modos de entender la educación que han ido surgiendo con el tiempo. Si se consideran la diversidad de objetivos y finalidades que se le asignan a los fenómenos educativos, son múltiples los significados que puede adoptar la expresión «investigación educativa» (Perines, 2016).

De esta forma, el qué se entiende por investigación educativa está ligado al enfoque del que se analice. Para Best (1983), autor ligado al enfoque positivista, investigación educativa equivale principalmente a investigación científica aplicada a la educación, y debe ceñirse a las normas del método científico en su sentido estricto. Estos planteamientos son muy restrictivos y no encajan con el desarrollo de nuevas ideas sobre la educación, concebida como una realidad sociocultural de naturaleza más compleja, singular y socialmente construida.

Desde la tradición interpretativa, investigar es comprender la conducta humana desde los significados e intenciones de los sujetos que intervienen en el escenario educativo. Con ello, el propósito de la investigación educativa es interpretar y comprender los fenómenos educativos más que aportar explicaciones de tipo causal.

Desde la tradición sociocrítica se destaca el compromiso con la ideología y se rechaza la neutralidad del investigador. A través de la investigación se aspira a transformar la sociedad en base a una concepción democrática del conocimiento y de los procesos que lo generan mediante la participación de las personas implicadas, en la línea de autores como Elliott (1978) o Stenhouse (1987).

Superada esa fase de enfrentamiento entre las tradiciones de investigación, actualmente se apuesta por una concepción de investigación educativa más abierta, flexible, participativa y asequible a los profesionales de la educación. A continuación, se presentan algunas definiciones propias de esta concepción:

Mertler (2015), por ejemplo, defiende que la investigación educativa es una indagación sistemática sobre cualquier aspecto de la educación, que se desarrolla para encontrar respuestas fiables a interrogantes y descubrir mejores formas de hacer las cosas.

Si se recogen las aportaciones de McMillan y Schumacher (2005), de Blaikie (2009) y de Ary *et al.* (2013), que han sido plasmadas en mi tesis doctoral (Perines, 2016), la investigación educativa puede definirse como:

- La aplicación de un proceso organizado, sistemático y empírico en la educación.
- Un tipo de investigación que busca conocer, comprender y explicar la realidad educativa. La integración de estos tres objetivos intenta superar el enfrentamiento entre el enfoque positivista e interpretativo, donde conocer, comprender y explicar eran acciones opuestas y no complementarias.
- La sistematización de teorías explicativas de los fenómenos educativos. De esta manera, se supera la postura que define el objetivo de investigación educativa como la resolución de problemas relacionados con la acción educativa, sin considerar la explicación de las posibles causas y consecuencias de tales problemas.

Si pasamos a la parte práctica de llevar a cabo un trabajo de investigación, queda claro que el estudiantado debe seguir una estructura de etapas que forman parte del proceso. Esta estructura general va a variar de acuerdo con la importancia que cada universidad o facultad le pueda dar a cada una de esas partes en sus respectivas guías didácticas.

Una posible estructura de un trabajo de investigación es la siguiente:

1. Introducción.
2. Planteamiento y justificación del problema.
3. Marco teórico.
4. Metodología.
    4.1. Objetivos.
    4.2. Enfoque.
    4.3. Instrumentos.
    4.4. Participantes.
    4.5. Análisis de la información.
5. Resultados.
6. Discusión y conclusiones.
7. Referencias.

Tal como dijimos anteriormente este esquema es flexible y dependerá de lo establecido por cada institución. Quizás algunas entidades agregan un resumen y/o *abstract* al principio. Otras van a diferenciar el marco teórico de los antecedentes, habrá otras que no incluyan la palabra «discusión», etc.

Las principales recomendaciones que les puedo proporcionar para la realización de un TFT de modalidad investigación son las siguientes:

- Preocúpate por escribir un buen marco teórico. Esto implica introducirte adecuadamente en el tema que es de tu interés y delimitar correctamente el objeto de estudio. Para esto puedes seguir las recomendaciones expuestas en el capítulo 2 de este libro. Recuerda poner especial cuidado en el estilo de redacción, en la pulcritud de la escritura y la importancia de seguir un hilo conductor que exprese estructura y orden.
- Selecciona objetivos posibles de alcanzar, fíjate bien en los verbos, tanto para el objetivo general como para los específicos. No es lo mismo plantear una investigación cuyo objetivo general sea «contrastar» a una investigación que tenga como objetivo «com-

prender». Los objetivos deben tener coherencia con todo el trabajo, especialmente con el marco teórico y la metodología que vas a utilizar. Para «contrastar» es probable que tengas que seguir una metodología cuantitativa, mientras que para «comprender» debas utilizar una metodología cualitativa. Como ves, los verbos que selecciones atraviesan transversalmente toda la investigación y son una pieza fundamental en esta. De hecho, tus conclusiones también deberán mostrar coherencia y vinculación con dichos objetivos, que se abordan en el capítulo 3.
- Preocúpate de escribir conclusiones pertinentes. Con esto me refiero a que evites esas conclusiones pomposas que solíamos hacer en la Educación Secundaria donde decíamos «este trabajo nos ha parecido muy interesante y hemos aprendido mucho». En el capítulo 3 de este libro se entregan sugerencias más concretas al respecto.

1.5.2. Proyecto de intervención

El proyecto de intervención es un género discursivo del ámbito profesional que cumple un rol importante en las prácticas profesionales de distintos campos disciplinares. Estos proyectos suelen ser diseñados y ejecutados por educadores, profesionales de la educación o instituciones educativas con el objetivo de mejorar la calidad de la educación, el aprendizaje de los estudiantes o abordar una necesidad particular en el entorno educativo.

Los proyectos de intervención en el ámbito educativo pueden abordar una amplia variedad de temas, como la mejora de las habilidades de lectura en los estudiantes, la promoción de la inclusión de alumnos con dificultades de cualquier tipo, la implementación de nuevas tecnologías en el aula, la prevención del acoso escolar, la promoción de ambientes saludables en el contexto escolar, entre otros.

Estos proyectos suelen seguir un proceso sistemático que incluye la identificación de la problemática, la definición de objetivos, la planificación y descripción de actividades, la distribución de recursos, la ejecución, el seguimiento y la evaluación de los resultados. También pueden involucrar la colaboración de diferentes actores, como docentes, directivos, familias y estudiantes, lo que dependerá de los objetivos propuestos.

En el caso de los Trabajos de Fin de Título, esta modalidad suele contar con una cantidad importante de adeptos, ya que algunos de los estudiantes lo ven como una forma más cómoda y factible de llegar a la meta. Los estudiantes suelen vivir el periodo de TFT con bastante estrés (Cruz-Charaja, 2022), lo que los hace buscar maneras más rápidas y prácticas de llevarlo a cabo.

Además, realizar un trabajo de investigación es visto como algo complejo al tener que recoger información empírica. Esto supone contactar a participantes, aplicarles instrumentos y analizar los datos. En cambio, los proyectos de intervención en muchos casos se quedan solo en la teoría de un planteamiento hipotético con resultados probables e incluso ficticios.

La posible estructura de un proyecto de intervención es la siguiente:

Introducción

1. Introducción.
2. Marco teórico y legal.
3. Diseño del proyecto de intervención.
    - 3.1. Justificación.
    - 3.2. Contextualización.
    - 3.3. Objetivos.
    - 3.4. Destinatarios.
    - 3.5. Actividades.
    - 3.6. Metodología.
    - 3.7. Secuencia temporalizada.
    - 3.8. Recursos.
4. Evaluación del proyecto.
5. Resultados (en caso de que se haya desarrollado).
6. Conclusiones, limitaciones y sugerencias de mejora.
7. Referencias.

Las principales recomendaciones para quienes van a llevar a cabo su TFT en esta modalidad son las siguientes:

- Proyectar la intervención con un cronograma apegado a la realidad y así evitar planificaciones que pretenden hacer mucho en poco tiempo o viceversa.
- Ver la posibilidad de aplicar el proyecto de forma total o parcial, ya que esto significará obtener resultados reales y contribuir al ámbito educativo.

- Es importante la evaluación del proyecto, para lo cual debes utilizar instrumentos que idealmente ya estén validados, o sea, que tengan validez estadística y que hayan sido creados y probados por otros autores. También puedes construir algunos instrumentos, pero para hacerlo debes tener un manejo de cómo se construyen. Puedes crear, por ejemplo, una pauta de observación que vas a utilizar para registrar lo que observas en una clase, también puedes realizar entrevistas o *focus group* con los participantes, lo cual implicará hacer un análisis posterior de forma adecuada. A veces la parte más débil de este tipo de proyectos es precisamente la evaluación, ya que algunos estudiantes la hacen de forma muy superficial o prácticamente no la mencionan.
- No olvidar que, aunque sea un proyecto de intervención, es importante que este se sustente en un marco teórico. Este marco teórico o revisión de la literatura debe contener no solo definiciones, sino que también debería incluir ejemplos de proyectos e investigaciones similares.
- No confundir el objetivo general del TFT con el de la intervención. El primero se va a referir al trabajo en su conjunto y el segundo se centra en lo que se quiere lograr de forma específica con la intervención.

El objetivo del TFT puede ser, por ejemplo:

Planificar y aplicar un proyecto de intervención centrado en la mejora de la lectoescritura de los estudiantes de segundo año de Educación Primaria de un contexto vulnerable.

Por otra parte, el objetivo general de la intervención puede ser:

Contribuir a la mejora de la lectoescritura de los estudiantes de segundo año de Educación Primaria de un contexto vulnerable.

En los siguientes enlaces verás algunos ejemplos de proyectos de intervención disponibles en la web:

https://www.ugr.es/~patrimonioeducativo/ambitos/socializacion/Carmen%20Mar%C3%ADa%20Mart%C3%ADn%20Su%C3%A1rez%20TFG%20Reggio.pdf

https://zaguan.unizar.es/record/14354/files/TAZ-TFG-2014-526.pdf

https://unae.edu.ec/wp-content/uploads/2021/06/Proyecto-de-Intervenci%C3%B3n-Educativa.pdf

1.5.3. Revisión sistemática de la literatura

La revisión sistemática de la literatura (de ahora en adelante RS) es un tipo de estudio que consiste en revisar literatura científica y académica sobre una temática determinada o ámbito del conocimiento para su posterior análisis crítico. Su principal propósito es identificar, evaluar y sintetizar el conjunto de información que han sido producida por otras personas investigadoras con el menor sesgo posible. Su realización implica la aplicación de una estrategia de búsqueda que se define con el objetivo de identificar la mayor bibliografía relevante posible sobre un objetivo de investigación (Paul y Rialp-Criado, 2020).

En términos simples, la revisión sistemática consistirá en buscar literatura sobre el problema de investigación que se ha definido para luego analizarla. Esa búsqueda se realiza en las bases de datos donde se alojan los trabajos académicos actualmente (por ejemplo, Web of Science y Scopus, cuando hablemos de la metodología de la RS se abordará mejor este tema). La búsqueda y selección de los trabajos que formarán parte de la RS no puede ser arbitraria ni antojadiza. Se deben seguir una serie de etapas que van a permitir cautelar la rigurosidad y objetividad del proceso.

Es cada vez más habitual que se realicen revisiones sistemáticas en el ámbito de la investigación en educación. De hecho, es evidente el aumento de este tipo de estudios en lo que respecta a los artículos de investigación. Lo mismo sucede con los Trabajos de Fin de Título, se están instalando como una modalidad más y es posible que esto siga en crecimiento.

El problema que surge al respecto es que su realización no es una tarea tan fácil como parece y es posible encontrar RS de baja calidad circulando por las revistas científicas. De acuerdo con Sánchez-Prieto (2020) esto puede deberse a la aparente sencillez de su realización, a su uso cada vez más frecuente por investigadores que se están iniciando en el ámbito de la publicación y a su efecto generador de citas. Algunas RS carecen de la fiabilidad necesaria, principalmente por no apegarse al procedimiento correspondiente, por lo que es importante cautelar el camino que seguirá.

Para cumplir con esta rigurosidad se sugiere que la personas que opten por esta modalidad de TFT utilicen el protocolo PRISMA. La declaración PRISMA (Preferred Reporting Items for Systematic reviews and Meta-Analyses), publicada en 2009, se diseñó para ayudar a los autores de revisiones sistemáticas a documentar de manera transparente el porqué de la revisión, qué hicieron los autores y qué encontraron. La declaración PRISMA 2020 sustituye a la declaración de 2009 e incluye una nueva guía de presentación de las publicaciones que refleja los avances en los métodos para identificar, seleccionar, evaluar y sintetizar estudios. Este contiene 27 ítems que deben intentar ser abordados en cada RS.

A continuación, les muestro algunos recursos *online* que les permitirán profundizar en este tema.

En este enlace verás la declaración PRISMA 2020 completa y en detalle:

https://www.revespcardiol.org/es-declaracion-prisma-2020-una-guia-articulo-S0300893221002748

Este es un artículo de investigación que muestra el contenido de la declaración PRISMA a través de un caso práctico vinculado al ámbito educativo:

https://dialnet.unirioja.es/servlet/articulo?codigo=8583045

Ahora te voy a mostrar una posible estructura de una RS a través del uso del protocolo PRISMA. Verás que por cada apartado o parte del trabajo se mencionará qué ítem (s) del protocolo PRISMA se le daría respuesta. Para ello nos apoyaremos en el trabajo de Zubillaga-Olague y Cañadas (2023):

- Título: ítem 1.
- *Abstract*: ítem 2.
- Justificación e introducción: ítems 3 y 4.
- Objetivos: ítem 4.
- Método: en este apartado se abordan desde el ítem 5 hasta el 15 de la lista de verificación de PRISMA. Se especificará la búsqueda e identificación de estudios, la eliminación de los estudios duplicados; la selección de los estudios para la revisión sistemática y la determinación de los estudios que van a ser incluidos en la revisión sistemática.
- Resultados: en este apartado se abordan desde el ítem 16 hasta el 22 de la lista de verificación de PRISMA, lo que incluye la selección de estudios, sus características de los estudios, el mitigar el sesgo de los estudios individuales, la obtención de resultados individuales, la síntesis de los resultados, sesgos de publicación y certeza de las evidencias.

- Discusión: ítem 23.
- Información adicional: registro y protocolo de seguridad (ítem 24), financiación (ítem 25), conflicto de interés de personas autoras (ítem 26), disponibilidad de datos, códigos y otros materiales (ítem 27).

Te he presentado esta estructura de forma muy general, el capítulo de libro ya mencionado de las autoras Zubillaga-Olague y Cañadas (2023) proporciona ejemplos de cada una de las etapas, el enlace a su trabajo completo es el siguiente:

https://www.dykinson.com/libros/materiales-docentes-para-el-diseno-y-desarrollo-de-investigaciones-innovaciones-y-revisiones-sistematicas-en-la-formacion-inicial-del-profesorado/9788411706575/

CAPÍTULO 2.
Primeros pasos para escribir el trabajo: elección del tema, revisión de la literatura y marco teórico

Una vez que ya tenemos más nociones sobre cómo vamos a escribir nuestro trabajo ha llegado el momento de avanzar en la siguiente etapa. Esta consiste en elegir un tema de nuestro interés, en revisar la literatura y en redactar nuestro marco teórico.

2.1. Elección del tema

Cada una de las modalidades que vimos al final del capítulo 1 tendrá sus particularidades, sin embargo, todas comparten que para iniciar la escritura debemos elegir un tema. Esta elección puede surgir desde distintas perspectivas. Una de ellas es la elección de un tópico que nos llame la atención a partir de nuestros gustos, preferencias o experiencias personales.

Si bien nos puede apasionar un tema, lo cierto es que delimitarlo y darle forma para nuestro trabajo requerirá que lo pongamos a prueba a través de su contrastación con la literatura vigente. Esto quiere decir que debemos hacer una búsqueda inicial de información que nos permita identificar si ya se ha escrito sobre nuestro tema y qué se ha dicho sobre él.

Para elegir y seleccionar un tema puedes seguir los siguientes pasos:

- Reflexiona sobre tus propios intereses académicos y profesionales, considera áreas que te apasionen y que estén alineadas con tu campo de estudio.
- Realiza una revisión exhaustiva de la literatura académica en tu disciplina, lo que implica entrar a bibliotecas y bases de datos.

- Consulta con profesores o investigadores para discutir posibles temas.
- Programa reuniones con tus asesores académicos para discutir posibles temas.
- Evalúa la disponibilidad de recursos necesarios para investigar el tema elegido.
- Indaga en temas emergentes o en tendencias actuales en tu área de estudio.
- En caso de que te interese llevar a cabo una investigación reflexiona sobre cómo esta podría contribuir al conocimiento existente en el área. La idea es que tu trabajo aporte nuevas perspectivas o enfoques.
- Evalúa el tiempo disponible para llevar a cabo la idea que tienes en mente, ya que debe ser factible a nivel temporal.
- Refina tu tema inicial a medida que obtienes retroalimentación del profesor que dirige tu trabajo. Asegúrate de que el enfoque del trabajo sea claro y específico.
- Después de considerar todos estos aspectos, elige de manera definitiva el tema que vas a desarrollar en tu TFT o tesis.

2.2. La revisión de la literatura: un paso esencial, y a la vez difícil

La revisión de la literatura es una de las etapas más difíciles de llevar a cabo cuando se realiza un trabajo de esta naturaleza. Los estudiantes suelen tener problemas para buscar información, para seleccionar la más adecuada, para citarla correctamente y para poner en orden las ideas que quieren exponer.

Tal como se mencionará en el punto 2.3.2 es habitual encontrar escritos que parecen «un copia y pega» de lo dicho por otros autores, donde solo encontramos una mera descripción de informaciones inconexas y poco consistentes sin un hilo conductor.

Lo primero que haremos es definir la revisión de la literatura. Según Hernández-Sampieri *et al.* (2014) la revisión de la literatura «implica detectar, consultar y obtener la bibliografía (referencias) y otros materiales que sean útiles para los propósitos del estudio, de donde se tiene que extraer y recopilar la información relevante y necesaria para enmarcar nuestro problema de investigación» (p. 61). Los autores defienden que esta revisión debe ser selectiva, puesto que cada año se publican muchos artículos, libros, compilaciones y una serie de materiales sobre distintas áreas del conocimiento.

Las etapas que se deben llevar a cabo para esta revisión son variadas dentro de la literatura existente sobre este tema. Si se toma como referencia la contribución de Hernández-Sampieri *et al.* (2014) y se complementa con mis propias aportaciones, te sugiero que sigas los siguientes pasos:

1. Realizar una lectura inicial de fuentes primarias como artículos de investigación o libros. Para ello el rol del profesor que dirige el trabajo es fundamental. Este puede orientar al estudiante sobre la viabilidad del tema que ha elegido en primera instancia y le puede hacer sugerencias sobre la búsqueda preliminar.
2. Definir las palabras clave del tema seleccionado. Estas palabras serán esenciales para empezar a «bucear» en las aguas de las bases de datos o buscadores especializados. Por ejemplo, si me interesa el tema del *bullying* en la Educación Primaria, algunas palabras clave pueden ser: «*bullying*» «acoso escolar» «*bullying* y Educación Primaria». Para la búsqueda de información es esencial usar adecuadamente los operadores boleanos. Sobre estos operados se entrega más información al final de este apartado.
3. Seleccionar las bases de datos donde vamos a entrar a buscar información. Actualmente las universidades tienen acceso a recursos como Web of Science, Scopus o ERIC que suelen ser las que gozan de mayor reconocimiento y prestigio por los índices de impacto de las revistas que allí se encuentran alojadas. En ese caso se sugiere que las palabras clave sean escritas en inglés y que una vez que hayamos identificado el total de fuentes podamos filtrar por idioma y dividir los trabajos que están en español y en inglés. Dejar solo las que están en castellano puede sesgar los resultados y limitar demasiado la búsqueda. Hay trabajos realizados en otros contextos que pueden ser muy valiosos para el nuestro, y no podemos desperdiciarlos solo por no estar escritos en español.
4. Además de las bases de datos ya mencionadas también se pueden consultar Latindex, Scielo, Redalyc o Dialnet. Todo está en la web, solo que el estudiante debe hacer una búsqueda adecuada,

para lo cual los operadores boleanos y los filtros disponibles en cada base ocupan un rol fundamental. Además de los artículos de investigación, los libros también pueden ser una fuente valiosa de información. Algunos buscadores de libros que suelen estar disponibles desde las bibliotecas virtuales de las universidades son los siguientes: ELibro, Odilo y Academic Complete de ProQuest. También se puede utilizar Google Académico aunque tiene menos especialización y busca todo lo que haya, sin criterios de calidad (https://scholar.google.com/)

5. Una vez dentro de las bases de datos revisaremos las fuentes seleccionadas. Para ello se debe mirar el título y el resumen y en caso de ser pertinentes para el trabajo que se está desarrollando, estas fuentes deben ser descargadas y guardadas en alguna carpeta del computador o de forma virtual en alguna nube como OneDrive, drive u otra. También se puede guardar esa selección a través de un gestor de referencias. Un gestor de referencias es una herramienta que permite crear bases de datos personales de referencias bibliográficas a través de la importación de dichas referencias desde cualquier base de datos. Facilitan el almacenamiento, organización y edición de nuestras referencias.

En la siguiente tabla se muestran algunas de ellas con una breve descripción y el enlace de acceso:

Nombre	Breve descripción	Enlace de acceso
Zotero	Herramienta de código abierto, permite almacenar el autor, el título, los campos de publicación y exportar toda esa información como referencias formateadas.	https://www.zotero.org/
BibMe	Gestor de referencias bibliográficas automático que soporta el formato MLA, APA y Chicago.	https://www.bibme.org/
EasyBib	Proporciona herramientas de citación, toma de notas y de investigación.	https://www.easybib.com/

RefWorks	Gestor de referencias bibliográficas en línea. Combina un administrador de citas que incluye la importación de bases de datos, herramientas de captura web y miles de estilos de citas flexibles.	https://www.refworks.com/refworks2/
EndNote	Permite buscar información en bases de datos, recuperar registros, gestionarlos, exportarlos en múltiples formatos, elaborar bibliografías de forma automática.	https://endnote.com/
Mendeley	Gestor de referencias que combina una plataforma web con una versión de escritorio. Incorpora funcionalidades de las redes sociales para conectar personal investigador.	https://www.mendeley.com

Fuente: Elaboración propia

6. De acuerdo con Hernández-Sampieri *et al.* (2014), para analizar las lecturas encontradas en la búsqueda debemos tener en cuenta algunos elementos. Por ejemplo: cercanía o similitud a nuestro planteamiento (utilidad), semejanza con el método o muestra que tenemos en mente, fecha de publicación o difusión (entre más reciente, mejor), que implique investigación empírica (recolección y análisis de datos), rigor y calidad del estudio. Yo agregaría a este listado que, en el caso de los artículos de investigación, es importante la revista donde está publicado. Lo ideal es que selecciones artículos que estén en revistas indexadas. Una revista indexada es una publicación periódica que ha sido evaluada y seleccionada para su inclusión en una base de datos o índice bibliográfico. La indexación de una revista implica que ha pasado por un proceso de revisión por pares, en el cual expertos en el campo evalúan la calidad y validez de los artículos antes de su publicación.

   La inclusión en un índice o base de datos puede aumentar la visibilidad y credibilidad de una revista, ya que muchas instituciones académicas, bibliotecas e investigadores confían en estos recursos para acceder a la literatura científica relevante. Algunos ejemplos de índices de revistas académicas incluyen PubMed, Scopus, Web of Science y otras bases de datos especializadas en diferentes disciplinas.

A los elementos ya mencionados, Hidalgo *et al.* (2023) agregan tres criterios para tener en cuenta cuando hacemos la selección bibliográfica. Estos tres criterios son: a) actualidad de los trabajos, considerándose actuales aquellos trabajos publicados en los últimos cinco años y también de los últimos diez años en caso de ser interesantes, b) tipología de las fuentes, dando prioridad a las investigaciones, no incluyendo referencias a enciclopedias, manuales o informes, c) origen de los estudios, es decir, dar cabida a trabajos del contexto nacional e internacionales, lo que permite contar con una visión más global de la temática abordada.

Actualmente existen herramientas digitales que permiten buscar conexiones entre los distintos artículos de investigación que hemos seleccionado como de interés para nuestro trabajo. Una de ellas es Connected Papers https://www.connectedpapers.com/. Otra herramienta similar que ha surgido en el contexto del uso de la Inteligencia Artificial es Research Rabbit https://www.researchrabbit.ai/.

Una forma de utilizar estas plataformas es poner el nombre o doi de un artículo potente e interesante que hayas encontrado y pedirle al programa que busque las conexiones de ese *paper* con otros del área. También es interesante el resultado de pinchar las opciones *prior works* o *derivate works* que te permitirá ver los trabajos anteriores o los posteriores al paper que has seleccionado.

Este tipo de herramientas pueden ser de gran utilidad para seleccionar las fuentes que nos interesan para nuestro trabajo, además de Research Rabbit puedes consultar Inciteful (https://inciteful.xyz/) que tiene funcionalidades similares.

Una vez que ya se han seleccionado las lecturas más importantes se sugieren dos acciones. La primera es hacer un mapa de vinculaciones entre las lecturas seleccionadas para lo cual las herramientas digitales ya mencionadas pueden ser de suma utilidad. Este mapa se puede organizar por temas afines, por año de publicación o incluso por orden cronológico.

La segunda sugerencia es elaborar fichas-resumen de cada una de las lecturas seleccionadas. Si bien esto se puede convertir en un largo trabajo, lo cierto es que se hace necesario que leas la información y te vayas interiorizando poco a poco en ella. Para eso, no basta con mirar el resumen o *abstract* de cada documento, sino que hay que detenerse un poco más y convertirte paulatinamente en una persona especialista en el área. Esto requiere de un tiempo de dedicación que puede tornarse un tanto agotador, pero que es imprescindible para convertirte en el autor genuino de tu trabajo. Los resúmenes los puedes hacer en Microsoft Word, Microsoft Excel u otro soporte, el que te parezca mejor.

Posteriormente puedes almacenar cada una de las fichas en carpetas, las que puedes clasificar de acuerdo con algún criterio. Por ejemplo, si se sigue un criterio temporal una carpeta se puede titular «artículos empíricos 2019-2023» y ahí vuelcas todas las fichas que entran en esa clasificación. Luego puedes tener otra que se titule «libros o capítulos 2019-2023» o «textos del 2000 al 2010». Otro tipo de clasificación puede ser la prioridad de las lecturas, por ejemplo: «textos prioritarios», «textos menos prioritarios», «textos poco probables de considerar».

Es importante que toda esa información que seleccionaste esté sintetizada, organizada y ordenada, de manera de poder pasar al siguiente paso: la elaboración del marco teórico. Una herramienta de Inteligencia Artificial que puede ser de utilidad para elaborar las fichas-resumen es Chatpdf https://www.chatpdf.com/.

Una vez dentro de la página (que es gratuita) cargas el archivo y le haces las preguntas que estimes conveniente. Por ejemplo: ¿cuáles son las ideas principales que transmite este artículo? También le puedes hacer otras preguntas como: ¿qué autores relevantes se mencionan en el artículo?, o ¿qué sugerencias entrega este texto?

He hecho la prueba con el artículo: *¿How Do Prospective Teachers Understand Educational Research?* (Perines e Ion, 2021). Le pregunté a la herramienta ¿quiénes con los participantes de esta investigación? y ¿cuáles son las ideas principales de esta investigación?

Las respuestas que da son bastante adecuadas a lo solicitado y pueden ser de gran utilidad para que te acerques al artículo y extraigas sus ideas principales. Cabe mencionar que, aunque el artículo esté en inglés, el programa reconoce el castellano y te proporciona las respuestas en dicha lengua.

Otra sugerencia para la etapa de revisión de la literatura es la realización de anotaciones respecto a cada uno de los documentos que has revisado o seleccionado. Además de las fichas-resumen ya mencionadas, puedes hacer anotaciones que te permitan clasificarlos y jerarquizarlos. Por ejemplo, supongamos que estás abordando el acoso escolar en etapas tempranas. Quizás encontraste un artículo muy potente porque es actual, está publicado en una revista indexada de prestigio y se centra de forma específica en tu tópico. Dentro del propio pdf puedes ir dejando comentarios en aquellos apartados que te parezcan más relevantes. Por ejemplo: «esta idea puede ser importante de mencionar en mi marco teórico» o «esta conclusión es importante», «este párrafo me sirve para una eventual cita textual».

Este tipo de anotaciones también se pueden realizar dentro del gestor bibliográfico que estoy utilizando (por ejemplo, Mendeley). Prácticamente todos ellos tienen la opción de dejar comentarios en los archivos pdf.

También puedes construir un cuaderno de anotaciones, que no es más que un documento donde vas dejando comentarios más personales. Por ejemplo: «el día 23-11-23 leí los siguientes artículos, mañana debo leer el capítulo de libro que tengo en la carpeta de documentos prioritarios». A veces tenemos tal cantidad de documentos seleccionados que cuesta llevar un orden y esto puede ser de utilidad.

Quedaba pendiente especificar los operadores boleanos que pueden facilitar la búsqueda de información de nuestra investigación. Estos operadores pueden ser definidos como conjuntos matemáticos de utilidad para la búsqueda en las bases de datos. Su función es conectar las palabras de búsqueda para estrechar o ampliar los resultados. Los operadores boleanos más recomendados son los siguientes:

Operador	Símbolo	Ejemplo	Acción
AND	«+» «&»	Evaluación AND aprendizajes	Realiza una búsqueda donde están presentes los dos términos en el mismo documento.
OR	«I»	Evaluación OR aprendizajes	Documentos que contengan una de las palabras, la otra o las dos juntas.
NOT	«-»	Evaluación AND aprendizajes	Documentos que contengan la primera palabra, pero no la segunda. En este caso buscará todas las entradas posibles sobre «evaluación», pero no sobre aprendizajes.

XOR	No tiene	Evaluación XOR aprendizajes	Documentos que contengan la una o la otra, pero no las dos a la vez.
Comillas	« »	«Evaluación de los aprendizajes»	Recupera todos los documentos que contienen la expresión «Evaluación de los aprendizajes» exactamente así.
Paréntesis	()	(Evaluación AND aprendizajes) NOT universidad.	Sirve para combinar el resto de los operadores. En este caso busca registros que incluyen "evaluación" y "aprendizajes", pero excluye registros que contienen la palabra "universidad».

Fuente: Elaboración propia

2.3. La elaboración del marco teórico

La elaboración del marco teórico está en estrecha vinculación con la revisión de la literatura. Este marco se elaborará en base a los resúmenes que hemos hecho de las fuentes seleccionadas y también tomando como referencia el mapa visual que hemos hecho en nuestros apuntes, computador o usando alguna de las herramientas digitales mencionadas en el apartado anterior.

De acuerdo con Hernánez-Sampieri *et al.* (2014), uno de los propósitos de la revisión de la literatura ha sido analizar si las teorías e investigaciones que ya existían previamente entregan alguna respuesta, aunque sea parcial, a la pregunta que te has planteado, en el caso de que vayas a llevar a cabo un TFT de modalidad investigación o revisión sistemática.

Hernández-Sampieri *et al.* (2014, p. 69) también señalan que la literatura que se ha revisado puede mostrar distintos niveles de alcance del conocimiento en el área. Algunas situaciones que se pueden dar son las siguientes:

1. Que hay una teoría completamente desarrollada, con abundante evidencia empírica y que se aplica a nuestro problema de investigación.
2. Que hay varias teorías con soporte empírico que se aplican a nuestro problema de investigación.

3. Que hay «piezas y trozos» de teoría con cierto respaldo empírico, que sugieren variables potencialmente importantes y que se aplican a nuestro problema de investigación (pueden ser generalizaciones empíricas e hipótesis con apoyo de algunos estudios).
4. Que hay descubrimientos interesantes, pero parciales, sin llegar a ajustarse a una teoría.
5. Que solo hay guías aún sin estudiar e ideas vagamente relacionadas con el problema de investigación.

También es posible encontrar que los estudios antecedentes presentan falta de congruencia o claridad, debilidades en el método (en sus diseños, muestras, instrumentos para recolectar datos, etc.), aplicaciones que no han podido implementarse correctamente o que han mostrado problemas (Grobbee y Hoes, 2014).

Es importante que analices la información que has revisado tomando en consideración alguno de estos cinco elementos. No basta con haberte documentado sobre el tema, también debes decir: «de acuerdo con lo que he consultado, el tema que me interesa abordar se encuentra en esta situación». Todos estos puntos pueden ser igual de importantes, pero debes declararlo, explicitando en tu escrito el punto de desarrollo en el cual se encuentra tu idea y en función a eso redactar el marco teórico.

2.3.1 ¿Cómo estructurar el marco teórico?

Una dificultad habitual que encuentran quienes elaboran un trabajo de esta naturaleza es que luego de haber consultado literatura no saben cómo plasmar en el papel todas las ideas que han recogido sobre lo que han dicho otros autores. Esto queda en evidencia cuando los directores o tutores revisamos los trabajos. En mi caso ha sido habitual que en el apartado de marco teórico haga bastantes sugerencias de mejora a mis estudiantes.

Lo que más les suelo criticar es que no hay un hilo conductor sobre el cual esté escrito el texto, que no haya una lógica argumentativa, que parezca un «copia y pega» y que se utilicen de forma inadecuada las referencias bibliográficas. Esto último se evidencia principalmente cuando los estudiantes copian y pegan lo dicho por otros autores sin parafrasear adecuadamente la información, cuando usan un exceso de citas textuales o cuando cometen errores de APA.

Un primer consejo que les suelo dar a mis estudiantes es que estructuren el marco teórico en tres apartados.

El primero se centra en los conceptos clave que orientan el trabajo. Por ejemplo, si el TFT se centra en la evaluación formativa, en primer lugar, se debe definir qué es evaluación y para ello se encontrarán distintas posturas a lo largo del tiempo. Se deberían mencionar las más importantes con el respectivo respaldo bibliográfico.

Luego, y solo en caso de que sea pertinente al tema o a la modalidad de TFT, se debería abordar la legislación vigente en tu país, región o C. A. (Comunidad Autónoma). Esta parte es más habitual de encontrar en la modalidad de proyecto de intervención o en investigaciones que aborden tópicos sobre los cuales la legislación es importante, por ejemplo, el acoso escolar o las Necesidades Educativas Especiales.

La tercera parte, y que es la más importante, se centra en explicar qué se ha investigado sobre este tema antes de que tú decidieras abordarlo. Para ello se deben enlazar las ideas de manera lógica y a través de una estructura que le dé orden. Se debe dar especial relevancia a las investigaciones empíricas por sobre los trabajos teóricos. La principal fuente de información deben ser los artículos de investigación.

Respecto a métodos específicos para elaborar el marco teórico, lo cierto es que no existe una fórmula mágica que garantice que quedará bien hecho. Sin embargo, en la literatura se entregan algunas sugerencias que pueden ser de utilidad para quienes están leyendo este trabajo. Estas sugerencias se complementan con lo que puedo entregar a través de mi experiencia como profesora e investigadora:

- Un primer paso consiste en ordenar la información recopilada de acuerdo con uno o varios criterios concebidos previamente. Algunas veces la información se ordena cronológicamente; otras, por subtemas, por teorías, etc. Por ejemplo, si para organizar la información se utilizaron fichas o documentos en archivos y carpetas en el computador, estos se ordenan según el criterio que se haya definido (Hernández-Sampieri *et al.*, 2014).
- Otra estrategia consiste en escribir un índice general tentativo que contenga los apartados y subapartados que deberían estar presentes en él. Este índice irá sufriendo múltiples modificaciones, pero puede ser de gran utilidad para comenzar esta faena. Por ejemplo, si

mi trabajo se centrará en la distancia entre la investigación educativa y la práctica docente y el título de mi trabajo es «Las difíciles relaciones entre la investigación educativa y la práctica docente», se entiende que en mi índice general aborde el concepto de investigación educativa, su origen, características, etc. También debería explicar cómo es la relación entre ambos conceptos. Les dejo como ejemplo un extracto del índice del marco teórico de mi tesis doctoral. Lo que se muestra con letras mayúsculas corresponde a los apartados y lo que se desprende de cada uno de ellos serían los subapartados:

LA INVESTIGACIÓN EDUCATIVA COMO BÚSQUEDA DE CONOCIMIENTO Y SU UTILIDAD PARA LA MEJORA EDUCATIVA

Hacia una definición de investigación
Una aproximación a la investigación educativa
Paradigmas en la investigación educativa
Utilidad de la investigación educativa

LA COMPLEJA RELACIÓN ENTRE LA INVESTIGACIÓN Y LA PRÁCTICA EDUCATIVA

Crisis de la investigación educativa
Modelos de relación entre la investigación y la práctica educativa
Movilización del Conocimiento: conexión entre la investigación, la política y la práctica

LOS DOCENTES Y SU RELACIÓN CON LA INVESTIGACIÓN EDUCATIVA

Visiones de los docentes sobre la investigación educativa
Valoraciones de los docentes sobre los artículos de investigación: los estudios de Zeuli y Bartels
Las visiones de los profesores desde los imaginarios sociales
Tal como se observa en el ejemplo, en los tres apartados se refleja el tema que se ha planteado en el título: «Las difíciles relaciones

entre la investigación educativa y la práctica docente». El primer apartado va a definir qué es la investigación educativa y su utilidad; luego, el segundo se centrará en la difícil relación que hay entre investigación y práctica educativa. El tercer apartado es aún más específico y se centra en las visiones que los profesores tienen sobre la investigación educativa.

Ahora bien, se entiende que este ejemplo surge desde una tesis doctoral, que requiere de una gran profundidad y de un marco teórico probablemente extenso. Esto, en comparación con TFT, tesinas, tesis de maestría u otros nombres que se usan en América Latina, los cuales podrán ser más breves. (Si quieres consultar esta tesis doctoral en su totalidad, puedes consultar el siguiente enlace: https://repositorio.uam.es/handle/10486/675641).

Luego, dentro de cada una de estas categorías, deberás definir los subapartados que vas a incluir en cada uno de ellos. Te repito que durante el desarrollo del trabajo será posible que hagas cambios en tu índice, vas a quitar cosas y agregar otras, es lo normal y lo habitual.

Por otro lado, los subapartados deben cumplir ciertos criterios; el primero es que pertenezcan a dicho apartado, le correspondan y haya una coherencia temática entre sí. El segundo es que sean lo suficientemente precisos, acotados y que no sean susceptibles de confundir con un apartado.

Una vez que se tienen definidos los subapartados, en función de ellos se ubicarán las referencias que encontraste y seleccionaste en la etapa de revisión de la literatura. Las referencias estarán conectadas con distintos elementos identificados en los apartados y subapartados de tu índice provisional. En la siguiente imagen se muestra un ejemplo de esta lógica, primero defines los apartados (aunque en la imagen se muestran 3, en tu trabajo puede haber muchos más), luego precisas los subapartados y finalmente conectas las referencias seleccionadas con cada uno de ellos. Esto te va a permitir tener un panorama general sobre el cual comenzar el proceso de escritura, que no siempre es fácil de conseguir y consolidar:

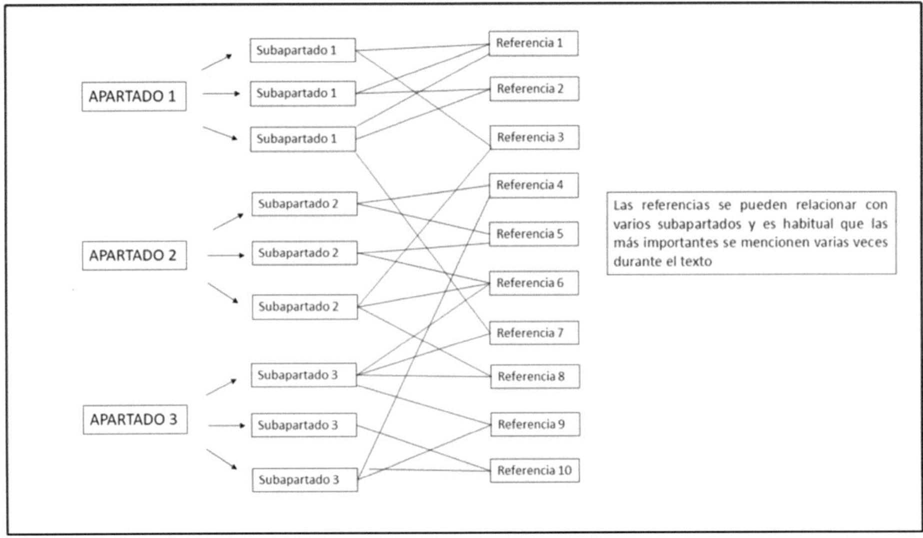

Fuente: Elaboración propia a partir de Hernández-Sampieri *et al.* (2014, p. 79)

- Otro camino que se puede seguir para escribir el marco teórico es que, una vez que se definan los grandes temas que se van a abordar, se establezca un orden cronológico para explicar las aportaciones de los diferentes autores. Este método puede ser de especial utilidad cuando el tema sobre el cual versa el trabajo supone que el factor tiempo ha sido importante en su evolución.

  Ahora bien, en un trabajo extenso es posible que este método no se sostenga todo el tiempo, pero sí se puede usar en algunos apartados o subapartados. Por ejemplo, supongamos que el título del trabajo es: «Trastorno de Espectro autista: un estudio de caso en Educación Infantil». En este caso claramente uno de los temas que se debe abordar en el marco teórico es el concepto «trastorno de espectro autista». Esto requerirá que se entregue una definición de este y se haga un recorrido histórico respecto a su origen y evolución. Vamos a suponer que uno de los subapartados es: «Trastorno de Espectro Autista: su definición a través del tiempo». Al observarlo, queda claro que se tendrá que definir el concepto, el cual ha sufrido cambios y modificaciones con el transcurso del tiempo. Esto implicará que se mencionen autores relevantes y se vaya explicando su evolución. Por ejemplo:

Las primeras definiciones de autismo surgen desde el 1900 y suponen los primeros pasos para lo que se entiende actualmente por esta condición. Lo cierto es que estas definiciones primarias han ido evolucionando, ya que en estas fue habitual que todo lo relacionado con el tema estuviera asociado a un aislamiento social absoluto de las personas autistas, idea que en la actualidad tiene muchos matices y complejidades propias de cada caso. Bleuler (1911) consideró al autismo un síntoma y un modo de comportamiento característicos de la esquizofrenia, lo que asociaba con la pérdida de contacto con la realidad y la polarización de la actividad mental en el mundo interior. Posteriormente, Kanner (1943) utilizó el mismo término para describir el síndrome de «autismo infantil temprano», describiendo los diferentes aspectos conductuales del autismo infantil y considerando dos aspectos importantes: el aislamiento y la repetición obsesiva. A continuación, Asperger (1944) identificó y describió los síntomas característicos del autismo y lo consideró un grave trastorno de conducta no exclusivo de la infancia. Más tarde, Bettelheim (1967) describió a las personas con autismo como personas que se cierran al mundo, que tienen dificultades en las relaciones sociales y que viven en un mundo propio (...).

Lo que se expone anteriormente es solo un extracto, ya que definir el autismo hasta la actualidad implica mencionar múltiples autores y conceptos. Más allá de este ejemplo en particular, te sugiero que, si utilizas este tipo de organización en algunos de tus apartados o subapartados, lo explicites como tal y digas claramente que ocuparás un orden cronológico. Puedes decirlo así: «En el siguiente apartado (o subapartado según sea el caso) se seguirá un orden cronológico para mencionar los hitos más importantes respecto a este tema». También puedes decir: «El siguiente tema se expone de forma cronológica, debido a la evolución histórica que existe respecto a sus principios y características (...)».

- Otra forma de organización del marco teórico es el mapeo (Hernández-Sampieri *et al.* 2014), que tiene puntos en común con el índice general tentativo. El mapeo consiste en elaborar un mapa conceptual y a través de él desarrollar al marco teórico. Los grandes conceptos del mapa conceptual surgirán de las lecturas realizadas en la revisión de la literatura. Una vez definidos los conceptos claves el mapa se va desglosando en subtemas. Ocuparemos nuevamente mi tesis doctoral como ejemplo, la cual se centra en las concepciones que los profesores en ejercicio tienen sobre la investigación educativa. Luego de hacer la revisión de la literatura correspondiente, se identifican los siguientes conceptos clave al momento de describir las valoraciones que el profesorado hace de la investigación educativa. Por ejemplo: 1) Resultados inútiles para la práctica docente, 2) Cuestionamiento a la comunicación de los resultados, 3) Investigación y práctica: diferentes tipos de conocimientos, 4) Escasa formación en el tema, 5) Temas elegidos por quienes investigan.

- Una vez definidos los conceptos claves se procede a desglosarlos en subtemas o ideas principales. En cada uno de ellos se agregan referencias que luego serán de utilidad para la redacción. Por ejemplo:

Concepto clave	Subtemas o ideas principales	Referencias relevantes
Resultados inútiles para la práctica docente	- Los docentes tienen más probabilidades de utilizar los resultados de la investigación si se aportan ejemplos de casos similares a sus propios contextos de enseñanza. - Los resultados de la investigación no son aplicables a sus estudiantes y los profesores se muestran escépticos en relación con su validez. - Los docentes observan con desconfianza el aporte de la investigación educativa. - Los profesores ven a la investigación como un trabajo más abstracto y alejado de su realidad.	Zeuli (1994), Shkedi (1998), Pendry y Husbands (2000), MacDonald et al. (2001), Boardman *et al.* (2005), Ratcliffe *et al.* (2005), Gore y Gitlin (2004), Joram (2007), Nicholson-Goodman y Garman (2007), Williams y Coles (2007), Beycioglu *et al.* (2010), Lysenko *et al.* (2014).

Cuestionamiento a la comunicación de los resultados	- Los docentes tienen problemas para comprender los artículos de investigación. - Los profesores parecen rechazar los artículos orientados a investigadores ya que proporcionan grandes cantidades de evidencias empíricas para respaldar sus afirmaciones y no tenían el tiempo ni las capacidades para comprenderlos. - A los docentes no les agrada el lenguaje técnico que utiliza la investigación: les parece confusa, poco clara, extensa y muy específica.	Latham (1993), Zeuli (1994), Shkedi, (1998), Bartels (2003), Gore y Gitlin (2004), Ratcliffe *et al.* (2005), Behrstock *et al.* (2009), Vanderlinde y van Braak (2010).
Investigación y práctica: diferentes tipos de conocimientos	- Los docentes no se muestran dispuestos a evaluar la evidencia empírica. - Cuando los docentes quieren probar una proposición no examinan la evidencia empírica, sino que utilizan una estrategia en su propia enseñanza y observan si funciona en ellos. - A los docentes la investigación les parece un tipo de conocimiento muy abstracto y fundamentado solo en hipótesis. - Los profesores prefieren basar sus decisiones en su experiencia y aprendizaje profesional.	Zeuli (1994), Boardman, *et al.* (2005), Beycioglu *et al.* (2010), Vanderlinde y van Braak (2010), Kutlay (2013).
Escasa formación en el tema	- Los docentes en formación esperan tener mayor contacto con la investigación durante sus carreras universitarias.	Gitlin et al. (1999), Pendry y Husbands (2000), MacDonald *et al.* (2001), Demircioglu (2008), Jyrhämä *et al.* 2008), Kutlay (2013).

	- Destacan que es importante revisar los programas de estudio de los grados para intentar dar mayor importancia a las asignaturas que trabajen las etapas y fundamentos de la investigación científica.	
Temas elegidos por quienes investigan	- Los temas de la investigación son reiterativos y alejados de su contexto. - Los investigadores no trabajan con temas innovadores que estén basados en sus necesidades e intereses. - Para los docentes las temáticas que eligen los investigadores están alejadas de su contexto.	Boardman et al. (2005), Broekkamp y Van-Hout-Wolters (2007), Beycioglu *et al.* (2010), Vanderlinde y van Braak (2010).

Fuente: Adaptación de Perines (2016, p. 97).
Nota: cabe mencionar que los autores que se mencionan en la tabla anterior corresponden a lo que se conocía sobre este tema hasta el año 2016, actualmente esta línea de investigación cuenta con referencias más actuales.

Estas tres formas de organización, índice general, orden cronológico y mapeo, son algunas de las formas que puedes utilizar para organizar tu marco teórico. Es importante que definas una forma de organización antes de redactarlo, la cual, por supuesto, puedes modificar si así lo estimas conveniente. No es recomendable sentarte frente al computador y empezar a lanzar ideas en una hoja en blanco sin haber esbozado una estructura previa. Esta estructura será la columna vertebral de tu escrito y será de mucha utilidad para avanzar en su desarrollo.

Por otra parte, una pregunta habitual en torno al marco teórico es ¿cuántas referencias se deben utilizar? Esta pregunta no tiene una respuesta exacta, ya que dependerá de la naturaleza del texto, ya que no es lo mismo una tesis doctoral, que un trabajo de fin de grado o de fin de máster o maestría. De acuerdo con Hernández Sampieri *et al.* (2014) algunos autores sugieren un mínimo de 30 referencias para una tesis de grado o máster. Fue el propio Hernández Sampieri con sus colaboradores quienes analizaron varios trabajos en Estados Unidos y México, consultaron a varios profesores iberoamericanos, y llegaron a las siguientes conclusiones: en una tesis de licenciatura (o trabajo de fin de grado) las referencias suelen fluctuar entre 25 y 35; en un trabajo de fin de máster o tesis de maestría, entre 30 y 40; en un artículo para una revista científica, entre 40 y 60. Para una tesis doctoral estos autores sostienen que el número se incrementa entre 60 y 120, lo cual en lo personal me parece un número bajo. No conozco una tesis doctoral que tenga menos de 300 referencias. En el caso de tesis doctorales por compendios de artículos, dicha cantidad puede variar, ya que dependerá de la cantidad de artículos que se presenten.

Otra pregunta habitual que realizan los estudiantes es ¿cuántas páginas debería tener un marco teórico? La respuesta depende de muchos factores, uno de ellos es la modalidad del trabajo. Las distintas modalidades de TFT harán que la cantidad de páginas del marco teórico pueda variar. A esto se suma que las universidades suelen entregar lineamientos sobre los apartados que debe tener el trabajo y en algunos casos indican con precisión la cantidad de páginas (o folios, como se le suele decir en España) que debe tener cada uno de ellos. Si ese no es tu caso, mi sugerencia es que tu marco teórico ocupe el 25 % del total del trabajo. Si tu TFM o tu tesina tiene 80 páginas, tu marco teórico debería tener por lo menos 20.

2.3.2. El error más habitual en el marco teórico: el estilo «copia y pega»

El estilo «copia y pega» es un error muy frecuente en todo tipo de trabajos académicos, incluso en tesis doctorales. Este error puede sintetizarse como la utilización fragmentada de información. Quien escribe el texto recorta párrafos que le parecen relevantes y los incorpora en su trabajo de la forma más armónica posible. Tal vez copia lo que dice un autor, luego lo que dice otro y parece que todo fuera relevante, sin embargo, cuando se lee se percibe que es más bien un *collage* de distintos elementos que un puzle bien enlazado y con la lógica argumentativa suficiente.

La idea es que el estilo de redacción refleje una conexión entre los párrafos que permita al lector comprender la información. Un recurso de utilidad para unir las ideas es el uso de conectores como, por ejemplo: a raíz de esto, en consecuencia, de esta forma, por otro lado, etc. Pero cuidado, usar estos conectores debe justificarse por el contenido, no se deben poner solo para adornar el texto y darle (supuestamente) más peso gramatical.

Para dar mayor claridad a esta problemática se dará un ejemplo con un tema bastante contingente actualmente: el efecto del uso de las pantallas en la infancia. Para ello nos basaremos en parte de la introducción del texto *Efectos de las Pantallas en niños y niñas menores de cinco años* publicado por el Centro de Justicia Educacional (CJE) de Chile. Para efectos de explicar este error frecuente se desordenarán algunas ideas y se contrastarán con el texto original (se modificaron un par de palabras del texto original y se agregaron un par de signos de puntuación).

En la primera columna de la siguiente tabla se muestra un ejemplo de la redacción tipo «copia pega» en comparación a la segunda columna donde se observa a una redacción que sí enlaza adecuadamente las ideas y les da un hilo argumentativo:

Redacción estilo «copia y pega»	Redacción con un hilo argumentativo adecuado
El aumento del uso de pantallas durante la pandemia de COVID 19 por parte de niños y niñas es un fenómeno que está presente a nivel mundial y que ha puesto en alerta a organismos internacionales como el Fondo de Naciones Unidas para la Infancia (en adelante UNICEF). En Chile es un fenómeno preocupante, ya que la exposición a pantallas en niños y niñas pequeños está asociado a efectos que impactan en dimensiones tales como salud física, visión, calidad del sueño, desarrollo infantil, atención y lenguaje. Se pretende describir algunos de los posibles efectos que puede producir el excesivo uso de pantallas en niños y niñas menores de cinco años.	El aumento del uso de pantallas durante la pandemia de COVID 19 por parte de niños y niñas es un fenómeno que está presente a nivel mundial y que ha puesto en alerta a organismos internacionales como el Fondo de Naciones Unidas para la Infancia (en adelante UNICEF). Este aumento en uso también ha quedado evidenciado en Chile (Narea *et al.* 2022), siendo un fenómeno preocupante, ya que la exposición a pantallas en niños y niñas pequeños está asociado a efectos que impactan en dimensiones tales como salud física, visión, calidad del sueño, desarrollo infantil, atención y lenguaje. En la presente Práctica para Justicia Educacional se pretende describir algunos de los posibles efectos que puede producir el excesivo uso de pantallas en niños y niñas menores de cinco años, junto con brindar una serie de orientaciones dirigidas a los padres y madres sobre cómo regular su uso.

Tal como se puede observar en la columna 1, parece faltar un hilo conductor entre los tres párrafos. En el primero (que se mantiene intacto en la segunda columna) se hace una introducción bastante clara del asunto que se abordará. Sin embargo, cuando se pasa al párrafo dos no parece tan clara la vinculación de ambas ideas, ya que comienza a hablar de Chile de forma abrupta. Luego, al pasar al tercer párrafo se indica que «se pretende describir algunos de los posibles». ¿Dónde?, ¿para qué?

Al comparar este análisis con lo expuesto en la segunda columna vemos que el primer párrafo es exactamente el mismo, sin embargo, en el segundo la primera oración aterriza el tema en Chile de una forma mucho más clara. No es lo mismo decir: «En Chile es un fenómeno preocupante» que decir «Este aumento en uso también ha quedado evidenciado en Chile (Narea *et al.* 2022)». Además de las diferencias en la escritura, se observa que en el segundo caso se usa una referencia para respaldar una afirmación de tal envergadura, a diferencia del primero. No usar referencias bibliográficas es otro error frecuente que se desarrolla con más detalle en el capítulo 4.

Para que este elemento quede aún más claro se usará un segundo ejemplo más propio del apartado de marco teórico o antecedentes. Se toma como referencia un extracto de un capítulo de libro publicado en el año 2021 por la autora de este texto y que se centra en la distancia entre la investigación educativa y la práctica docente. Al texto original se le hacen algunos cambios para graficar los errores y aciertos:

TEXTO 1:

Los profesores Admiraal *et al.* (2017) realizan una investigación cuyos protagonistas son cuatro profesores de secundaria, quienes realizaron actividades de investigación con el apoyo de un investigador. El estudio arrojó la presencia de tres tópicos esenciales: el primero es que el trabajo de investigación realizado permitió a los profesores realizar cambios importantes en la forma de llevar a cabo sus clases. El segundo es que pudieron complementar e incluso reemplazar algunas de sus lecturas habituales por artículos científicos y, en tercer lugar, ampliaron sus conocimientos sobre los procesos de enseñanza y aprendizaje.

De acuerdo con Cochran-Smith y Lytle (2009) en el caso de los profesores en formación, uno de los beneficios que reporta la realización de actividades de investigación educativa con ellos es que les permite adquirir nuevos conocimientos y a la vez actualizarlos.

Los participantes de la investigación de Levy y Petrulis (2012) destacaron que la investigación educativa les permitió descubrir elementos por sí mismos de forma activa y autónoma, a diferencia de recibir información por parte de otras personas en una actitud pasiva y solo receptiva.

van der Linden (2015) concluye que las experiencias de investigación que viven los estudiantes durante la formación inicial docente influyen en el rol que esta tendrá una vez que se ingresen al mundo laboral y se mantengan en él.

TEXTO 2:

En el contexto de los profesores en ejercicio, Admiraal *et al.* (2017) realizan una investigación cuyos protagonistas son cuatro profesores de secundaria, que realizaron actividades de investigación con el apoyo de un investigador. El estudio arrojó la presencia de tres tópicos esenciales: el primero es que el trabajo de investigación realizado permitió a los profesores realizar cambios importantes en la forma de llevar a cabo sus clases. El segundo es que pudieron complementar e incluso reemplazar algunas de sus lecturas habituales por artículos científicos y, en tercer lugar, ampliaron sus conocimientos sobre los procesos de enseñanza y aprendizaje.

En el caso de los profesores en formación, uno de los beneficios que reporta la realización de actividades de investigación educativa con ellos es que les permite adquirir nuevos conocimientos y a la vez actualizarlos (Cochran-Smith y Lytle, 2009). El desarrollo de un pensamiento autónomo también se menciona como un elemento favorable para los futuros profesores.

En esta línea, los participantes de la investigación de Levy y Petrulis (2012) destacaron que la investigación educativa les permitió descubrir elementos por sí mismos de forma activa y autónoma, a diferencia de recibir información por parte de otras personas en una actitud pasiva y solo receptiva. También existen evidencias respecto a que las experiencias de investigación que viven los estudiantes durante la formación inicial docente influyen en el rol que esta tendrá una vez que se ingresen al mundo laboral y se mantengan en él (van der Linden *et al.*, 2015).

Si algo queda claro al mirar el texto 1 es que parece un «copia y pega» de lo señalado por diferentes autores, lo cual, como ya se ha indicado más arriba, no es la forma idónea de exponer la información en un trabajo académico. Al observar el texto 2 se nota que se utiliza una forma más prolija y lógica de mostrar la información. Para profundizar más en estas diferencias, a continuación, se mencionan algunos aspectos importantes:

1. El texto 1 se limita a exponer lo que dice cada autor de forma separada y sin dejar clara la conexión entre cada uno de los párrafos. No se logra percibir cuál es la lógica argumentativa del texto, ¿se busca exponer los antecedentes con un orden cronológico?, ¿se muestra la información de acuerdo con temas afines? No logra quedar claro, ya que se limita a mencionar los hallazgos de cuatro estudios diferentes y cada párrafo comienza con el apellido de cada autor.
2. En el texto 2 ya se observa algo diferente ya que queda claro que el primer párrafo mencionará un estudio centrado en profesorado en ejercicio y el segundo lo focalizará en profesorado en formación. Las marcas textuales de esto son las siguientes: «En el contexto de los profesores en ejercicio, Admiraal *et al.* (2017) realizan (...)» y «En el caso de los profesores en formación, uno de los beneficios que reporta (...)».
3. El primer párrafo del texto 2 se focaliza en explicar los hallazgos de un estudio, el de Admiraal *et al.* (2017), por lo que es más sencillo a la hora de ser construido tanto a nivel gramatical como semántico. El segundo párrafo, en cambio, se hace más complejo de estructurar porque entrega informaciones generales sobre el tema y luego lo ejemplifica con los resultados de algunas investigaciones.

Para ello la autora, en primer lugar, entrega una información general que respalda con un autor entre paréntesis al final del párrafo. Luego, trata de unir esta idea con otro de los beneficios que quiere destacar. Para ello dice: «también se menciona como un elemento favorable para los futuros profesores (...), ese «también se menciona» permite unir el primer párrafo con el segundo y dar más claridad a la redacción. Posteriormente, introduce un ejemplo concreto de este beneficio a través de los hallazgos de una investigación en particular: «En esta línea, los participantes de la investigación de Levy y Petrulis (2012) destacaron que la investigación educativa les permitió descubrir elementos por sí mismos de forma activa y autónoma (...)».

La expresión «en esta línea» permite conectar las ideas dejando en claro que el contenido del párrafo va en coherencia con lo señalado en el párrafo anterior.
Finalmente, la autora refuerza la idea que quiere transmitir diciendo: «También existen evidencias respecto a que las experiencias de investigación que viven los estudiantes durante la formación inicial docente influyen en el rol (...), cerrando el párrafo con una referencia entre paréntesis (van der Linden *et al.*, 2015). Ese «también existen evidencias» permite seguir con una lógica argumentativa que permite entender la información proporcionada.

Con todo lo anterior, lo que se aconseja a los lectores de este libro es que eviten con vehemencia escribir su marco teórico poniendo párrafos que siempre comiencen o finalicen con alguna referencia, que expongan la información relativa a esos autores y luego pasen al siguiente párrafo a través de esa misma estructura.

Lo que se aconseja es que para exponer la información sigan una estructura argumentativa que tenga lógica y que siga un orden definido previamente.

CAPÍTULO 3.
La parte central de tu trabajo: objetivos, metodología, resultados y conclusiones

Todo trabajo de Fin de Título cuenta con objetivos, metodología, resultados y conclusiones. Es por ello por lo que este capítulo tiene como propósito entregarte información y sugerencias sobre cómo puedes enfrentar cada uno de estos apartados en las tres modalidades de TFT que fueron mencionadas en el capítulo 1.

3.1. Selección de los objetivos generales y específicos: criterios para tener en cuenta

El establecimiento de los objetivos de un trabajo de esta naturaleza implica un paso esencial. Los objetivos son la guía del trabajo, constituyen la piedra angular y la brújula sobre la cual girarán todos los otros elementos constitutivos.

Tal como se ha esbozado en los capítulos anteriores, habrá una relación entre los objetivos y los demás apartados de tu TFT. Ejemplo de ello es la vinculación entre los objetivos y el marco teórico, lo mismo sucede con los resultados y las conclusiones, tal como veremos en el presente capítulo.

La primera pregunta que se nos viene a la mente es ¿qué es un objetivo? Un objetivo es un resultado que se pretende alcanzar. Los objetivos se plantean con verbos en infinitivo, por ejemplo: analizar, conocer, evaluar, predecir, identificar, etc.

Existen objetivos generales y específicos. Los generales son metas amplias que se quieren alcanzar al final del camino. Por otro lado, los objetivos específicos son metas más específicas que se deben cumplir para alcanzar los objetivos generales. Esta diferenciación suele ser problemática para los estudiantes, ya que les cuesta establecer las diferencias mencionadas y suelen poner en los objetivos generales acciones que deben ir en los específicos y viceversa.

Un ámbito muy importante dentro de este tema es la elección de los verbos adecuados, tanto en los objetivos generales como específicos.

Una sugerencia para tener en cuenta en el establecimiento de los objetivos es la metodología SMART. Este método no tiene un autor único y específico, sino que es el resultado de la colaboración y evolución de diversas fuentes a lo largo del tiempo. Algunas fuentes sugieren que el término SMART comenzó a utilizarse en la década de 1980 en el ámbito de la gestión de proyectos y el liderazgo organizacional. A lo largo del tiempo, la metodología ha sido adoptada en diversas disciplinas y campos.

Esta técnica se utiliza para describir las características que deben tener los objetivos para que sean efectivos. Las letras de SMART representan los siguientes elementos:

Específico (*Specific*): el objetivo debe ser claro y específico, ¿qué se desea conseguir con este objetivo?

Medible (*Measurable*): el objetivo debe ser factible de medir, ¿cómo medimos el cumplimiento de este objetivo?

Alcanzable (*Achievable*): debe ser realista y posible de lograr, ¿es posible conseguir este objetivo?

Relevante (*Relevant*): debe ser significativo para su campo de estudio, ¿por qué es relevante conseguir el objetivo?

Temporal (*Time-bound*): debe tener un plazo o periodo de tiempo definido para su ejecución, ¿de cuánto tiempo necesito para conseguir este objetivo?

A través del siguiente objetivo ejemplificaremos cada uno de estos elementos:

Objetivo: conocer la efectividad de la implementación de metodologías activas en el proceso de enseñanza-aprendizaje en el área de metodología de la investigación en titulaciones de formación de profesorado durante el curso 23-24.

Desglose del objetivo utilizando el método SMART:

Específico: el objetivo sí cumple con este criterio ya que pretende conocer la efectividad de las metodologías activas en el proceso de enseñanza-aprendizaje, lo cual tiene la suficiente especificidad y no se queda en algo general.

Medible: será posible recoger evidencias a partir de este objetivo por lo cual sí es medible. Probablemente se van a recopilar datos cuantitativos, como las calificaciones finales de los estudiantes, las tasas de participación en actividades activas y los resultados de evaluaciones antes y después de la implementación de las metodologías activas.

Alcanzable: será posible de alcanzar porque se plantea algo factible de conseguir. No dice «conocer la efectividad (...) de todos los planes formativos universitarios de España». Eso sería imposible de lograr en términos de tiempo y de recursos.

Relevante: es un objetivo relevante porque se centra en un ámbito de interés para las ciencias de la educación. Las metodologías activas son un tema actual y la enseñanza-aprendizaje es un tópico que nunca pierde vigencia.

Temporal: en el objetivo se especifica la temporalidad, que en este caso será el curso académico 23-24.

En cada una de las modalidades de TFT que conocimos, el establecimiento de los objetivos tendrá ciertas diferencias o matices.

A continuación, explicaré cada uno de ellos:

- Los objetivos en un TFT modalidad investigación:

En este caso, el establecimiento de los objetivos tendrá relación con el problema de investigación donde nos enmarcamos y con la pregunta de investigación. Toda investigación surge desde una situación problemática, no comenzaremos a investigar algo que está absolutamente solucionado. Por ejemplo, supongamos que me interesa el logro de la lectura en primero de primaria y todos los estudiantes de primero de primaria de un colegio han aprendido a leer durante el curso 23-24. Quizás deba replantearme el interés por este tema ya que no demuestra un gran problema en ese contexto. Otra cosa es indagar en los detalles de este evento y tal vez puedo investigar las causas de estos resultados óptimos.

A su vez, los objetivos de una investigación tendrán estrecha vinculación con la pregunta (s) de investigación y deberán ir en misma dirección. Esta pregunta deriva del problema, por ejemplo, supongamos que el problema que pretendo abordar es la escasa formación en investigación educativa del profesorado en ejercicio. Mi hipótesis inicial es que esta formación es escasa, sin embargo, será algo que yo deberé comprobar con mi investigación. Frente a esto mi pregunta podría ser: ¿cómo es la formación en investigación educativa del profesorado en ejercicio?

Una vez que tengo mi pregunta puedo plantear el objetivo general, que suele tener una escritura muy similar a la pregunta. En este caso un posible objetivo sería el siguiente:

Analizar la formación en investigación educativa que tiene el profesorado en ejercicio de X lugar en X tiempo. Tendríamos que aterrizarlo en un contexto, por ejemplo, de una comunidad, en una zona, en una organización, etc., y a la vez concretarlo en un espacio temporal. De esta manera cumpliremos con dos de los criterios SMART: que sea un objetivo alcanzable y temporal. Por ejemplo:

Objetivo general: analizar la formación en investigación educativa que tiene el profesorado en ejercicio de los centros públicos de la Comunidad de Madrid en el curso académico 24-25.

También es posible establecer más de una pregunta. En este caso cada una de ellas debe tener una relación posterior con cada uno de los objetivos. No debe haber una pregunta que no tenga vinculación con uno de los objetivos. Debe existir esa coherencia. En ocasiones los estudiantes formulan muchas interrogantes en la introducción o justificación de sus trabajos, pero lo hacen con un tono reflexivo que no condice con la lógica de un trabajo de investigación.

Coincido con el trabajo de Hidalgo *et al.* (2023) al recalcar que los objetivos de una investigación son de finalidad, de obtención de conocimiento y no son de intervención. Sobre estos últimos les entregaré sugerencias más adelante. El trabajo de estos autores también destaca que deben utilizarse verbos que indiquen resultados y no procesos, que es importante no escribir dos objetivos en un mismo enunciado y que la formulación debe ser sencilla, clara y concreta.

Otro aspecto que hay que tomar en cuenta al elegir el verbo es el dominio o categoría donde se ubica la acción del objetivo; por ejemplo, conocimiento, comprensión, aplicación, análisis, síntesis y evaluación, según las variables o categorías que orienten el proceso investigativo (Caro, 2001).

Una forma de elegir el verbo del objetivo general puede estar relacionada con el tipo de estudio. Explicaremos este tema apoyándonos, en algunos apartados, en el trabajo de Gómez- Rojas y Cohen (2019):

Estudios descriptivos: este tipo de investigaciones buscan describir las características, propiedades o fenómenos de un grupo o situación particular. En lugar de buscar explicaciones causales o establecer relaciones de causa y efecto, una investigación descriptiva se centra en recopilar datos detallados y precisos sobre lo que se está estudiando. Por ejemplo:

Caracterizar el perfil investigativo de los docentes universitarios de la Facultad de Educación de la Universidad Complutense de Madrid.

Estudios exploratorios: este tipo de investigaciones busca explorar un tema, problema o fenómeno que está poco abordado sobre el cual se tiene poco conocimiento previo. Este tipo de investigación no busca proporcionar respuestas definitivas o explicaciones concluyentes, sino generar ideas, hipótesis y una comprensión preliminar sobre el objeto de estudio. Por ejemplo:

Indagar sobre el tipo de escala de actitudes más apropiada para aplicar en estudiantes de Educación Secundaria de centros concertados en la Comunidad de Madrid.

Estudios explicativos: el verbo explicar estará relacionado con una investigación de tipo explicativa. La investigación explicativa, también conocida como investigación causal, se enfoca en comprender las relaciones de causa y efecto entre las variables que protagonizan el estudio. A diferencia de la investigación descriptiva y de la investigación exploratoria, la investigación explicativa tiene como objetivo principal explicar por qué ocurren ciertos fenómenos y cuáles son las relaciones subyacentes entre las variables. Por ejemplo:

Analizar las relaciones causales entre las estrategias pedagógicas implementadas en cursos de educación superior y el rendimiento académico de los estudiantes de los grados en Educación de una universidad pública de España.

Estudios correlacionales: este tipo de investigación se centra en examinar la relación estadística entre dos o más variables sin manipularlas experimentalmente. En otras palabras, busca determinar si existe una asociación entre variables y evaluar la fuerza y dirección de esa asociación. Por ejemplo:

Examinar las correlaciones existentes entre las prácticas pedagógicas inclusivas, los recursos de apoyo y el progreso académico y social de estudiantes con necesidades educativas de los centros públicos de Educación Especial del distrito de Hortaleza.

Cada uno de estos tipos de estudio implica mayores niveles de complejidad, por lo cual el verbo que ocupemos debe ir en coherencia con ello. Por ejemplo, un estudio de tipo correlacional no podrá tener a «conocer» como el verbo de su objetivo general. Conocer es un verbo que está en una categoría inicial de acercamiento a un objeto de estudio. Esto no quiere decir que sea un verbo inadecuado, lo es para un estudio correlacional, pero sí es adecuado para un estudio descriptivo donde pretendemos acercarnos a un objeto de estudio a través de una caracterización detallada del mismo.

¿Qué verbo elijo? Es una pregunta que se hacen muchos estudiantes. Si bien anteriormente se han mencionado los verbos describir, explorar, explicar, establecer relaciones y conocer, lo cierto es que el abanico de verbos que podemos utilizar es bastante amplio.

Al respecto te voy a mostrar un listado de verbos que te pueden servir tanto para objetivos generales como para específicos.

Tipo de estudio	Verbos que se pueden utilizar
Descriptivo	Analizar Caracterizar Clasificar Comparar Describir Determinar Diferenciar Evaluar Examinar Identificar Reconocer Registrar
Exploratorio	Analizar Evaluar Examinar Explorar Identificar Indagar Reconocer Revisar Sondear

Explicativo o causal	Determinar Analizar Evaluar Examinar Verificar Demostrar Identificar causas de Examinar la influencia de Evaluar el impacto de Analizar los factores que contribuyen a Examinar las relaciones entre Verificar la hipótesis de Evaluar la relación entre Determinar los efectos de Probar la hipótesis de Analizar las variables que influyen en Demostrar la conexión entre Examinar la relación causa-efecto de Identificar los factores que determinan Evaluar el rol de Analizar las consecuencias de Examinar las relaciones causales de

Correlacional	Analizar la asociación de Analizar la correspondencia de Analizar las relaciones estadísticas entre Comparar para determinar la asociación entre Comparar para identificar correlaciones entre Correlacionar Determinar la asociación de Determinar la asociación estadística de Determinar la correlación de Determinar la relación estadística de Evaluar la conexión entre Evaluar la dependencia de o entre Evaluar la incidencia de Examinar la asociación de Examinar la dependencia de Examinar la relación entre Examinar las conexiones de Identificar las correlaciones en Relacionar la frecuencia de Relacionar la incidencia de

- Los objetivos de un TFT modalidad proyecto de intervención:

En el caso de los proyectos de intervención, los objetivos no tendrán un propósito investigativo, sino que buscarán conseguir una meta que permita mejorar o solucionar una determinada situación. Para definirlos también te puedes apoyar en los criterios SMART anteriormente descritos, ya que, aunque no estén asociados a una investigación, de igual forma deben ser esbozados con la mejor calidad posible.

Un ejemplo de objetivo general de un proyecto de intervención es el siguiente:

Implementar un programa de prevención del ciberbullying en un centro de Educación Secundaria de la Comunidad de Madrid con el fin de reducir la incidencia de conductas intimidatorias vía internet y mejorar la percepción de seguridad frente a las redes sociales entre los estudiantes.

Como se puede apreciar, el objetivo no apunta hacia una investigación, sino a la realización de algo preciso que servirá para optimizar una situación que ha sido identificada como problemática o que requiere atención, que en este caso sería el *ciberbullying.*

Los objetivos específicos de este objetivo general podrían ser los siguientes:

- *Concientizar a los estudiantes sobre el ciberbullying y sus consecuencias.*
- *Fomentar un uso responsable de las redes sociales.*
- *Establecer un protocolo de intervención para casos de ciberbullying que involucren a estudiantes del centro.*
- *Capacitar al personal educativo en temas de uso de redes sociales y ciberbullying.*
- *Facilitar espacios de apoyo emocional para los estudiantes que han sufrido ciberbullying.*

Al igual que en los trabajos de investigación, los objetivos específicos de un proyecto de intervención también apuntan hacia el objetivo general y se relacionan con él de una u otra forma.

El logro de los objetivos se medirá a través de las estrategias de evaluación que ha establecido el proyecto y en las cuales será esencial recoger información con las personas que han participado en él. En el punto 3.2.2 se abordará un poco más este punto.

- Los objetivos de un TFT modalidad revisión sistemática:

En el caso de que hayas optado por un TFT en modalidad revisión sistemática tus objetivos sí tendrán un enfoque investigativo, pero no de la forma en que lo hemos abordado un poco más arriba. En el caso de las revisiones sistemáticas los objetivos suelen ser de dos tipos. El primero se centra en el hecho de llevar a cabo un estudio de esta naturaleza, en este caso un posible objetivo general podría ser:

Realizar una revisión bibliográfica de la literatura científica publicada en torno a la calidad de la Educación Física en el periodo comprendido entre los años 2017-2021 en las bases de datos de Web of Science y Scopus (este objetivo ha sido extraído del artículo de del Val-Martin *et al.* (2021) publicado en la revista *Sportis* y al cual puedes acceder a través del siguiente *link*: https://ruc.udc.es/dspace/handle/2183/30076)

Otro ejemplo sería el siguiente:

Conocer los documentos científicos relacionados con las actitudes hacia las personas con discapacidad en los niveles de Educación Infantil y Educación Primaria (este objetivo ha sido extraído del artículo de Beltrán *et al.* (2023) publicado en la revista *Bordón* y al que puedes acceder a través del siguiente enlace: https://recyt.fecyt.es/index.php/BORDON/article/view/95518

Tal como se aprecia, estos objetivos están enfocados en la realización de la revisión sistemática.

En cambio, el segundo tipo de objetivos especifica el ámbito sobre el cual se quiere recoger información y profundiza en la información que se quiere obtener a través de la revisión. Por ejemplo:

Proporcionar un panorama actualizado sobre las herramientas utilizadas en los procesos de evaluación de la competencia digital de los docentes, indagando en el tipo de diseño de investigación, instrumentos y análisis utilizados, así como los resultados obtenidos tras su aplicación y sus implicaciones (este objetivo ha sido extraído del artículo García-Ruiz, *et al.* (2023) publicado en la revista *Educación XXI* y al que puedes acceder a través del siguiente enlace: https://redined.educacion.gob.es/xmlui/bitstream/handle/11162/240006/Evaluacion.pdf?sequence=1&isAllowed=y).

Conocer la incidencia de las emociones epistémicas en la práctica educativa, mediante una revisión sistemática entre los años 2005 y 2022 (este objetivo ha sido extraído del artículo de López-Cassà y Bisquerra (2023) publicado en la *Revista Internacional De Educación Emocional y Bienestar* y al cual puedes acceder a través del siguiente enlace: https://rieeb.ibero.mx/index.php/rieeb/article/view/58).

3.2. La metodología del trabajo en las distintas modalidades

La metodología que se utilizará en tu TFT va a depender de la modalidad que hayas elegido. Recordemos que en este trabajo hemos presentado tres modalidades, que no serán las únicas que se pueden dar como opción en las distintas universidades.

Las tres modalidades acá presentadas son: el trabajo de investigación, el proyecto de intervención y la revisión sistemática. A continuación, me referiré a cómo abordar la metodología en cada una de ellas.

3.2.1. La metodología de un trabajo de investigación

La metodología de un trabajo de investigación seguirá el lineamiento que demanden los objetivos planteados. Una vez que los tengas planteado debes preguntarte ¿de qué forma los puedo cumplir? La respuesta a esa pregunta te hará decidirte por alguna metodología en específico.

Las metodologías de investigación que existen actualmente son tres: metodología cuantitativa, metodología cualitativa y metodología mixta. Si bien este libro no se centra en este aspecto de forma específica, te explicaré sus principales características y te proporcionaré algunas referencias de interés que te van a permitir profundizar en este contenido.

3.2.1.1. Metodología cuantitativa

De acuerdo con Hernández-Sampieri *et al.* (2014) el enfoque cuantitativo sigue una secuencia e intenta probar una hipótesis, por lo que sigue un orden riguroso. Cada una de las etapas que incluye este enfoque precede a la siguiente y no podemos saltarnos ningún paso.

Por lo general, en el enfoque cuantitativo se parte de una idea, que debe ser delimitada y acotada. A partir de ella surgirán objetivos y preguntas de investigación.

A partir de las preguntas se establecen hipótesis y se determinan variables. Posteriormente se desarrolla un diseño para probarlas; esto implica medir las variables en un determinado contexto. Luego, se analizan las mediciones obtenidas a través de métodos estadísticos y se formulan las conclusiones respecto de la(s) hipótesis. Esto implica precisar si fueron aceptadas o rechazadas, y que es posible que el estudio realizado no haya logrado comprobarlas.

La hipótesis es una afirmación o suposición tentativa que se formula para ser probada mediante la investigación. La estructura de las hipótesis supone la presencia de una variable independiente (que se manipula) y de la variable dependiente (que se mide o se observa). Por ejemplo: si el tiempo dedicado al estudio fuera de las horas de clase aumenta, entonces el rendimiento académico de los estudiantes mejorará.

En este caso la variable independiente es el tiempo dedicado al estudio fuera de las horas de clase, ya que es la que se manipula; mientras que el rendimiento académico es la variable dependiente, que se medirá con relación al efecto que la variable independiente ejercerá sobre ella.

A continuación, nos apoyaremos en lo planteado por Hernández-Sampieri *et al.* (2014, pp. 5 y 6) para exponer las principales características de esta metodología:

- El investigador o investigadora plantea un problema de estudio delimitado y concreto. Sus preguntas de investigación versan sobre cuestiones específicas.
- Una vez planteado el problema de estudio, la persona investigadora considera lo que se ha investigado anteriormente (la revisión de la literatura) y construye un marco teórico (la teoría que habrá de guiar su estudio), del cual deriva una o varias hipótesis (cuestiones que va a examinar si son ciertas o no) y las somete a prueba mediante el empleo de los diseños de investigación apropiados. Si los resultados corroboran las hipótesis o son congruentes con estas, se aporta evidencia en su favor. Si se refutan, se descartan en busca de mejores explicaciones y nuevas hipótesis. Al apoyar las hipótesis se genera confianza en la teoría que las sustenta. Si no es así, se descartan las hipótesis y, eventualmente, la teoría.
- Así, las hipótesis (por ahora denominémoslas creencias) se generan antes de recolectar y analizar los datos.
- La recolección de los datos se fundamenta en la medición (se miden las variables o conceptos contenidos en las hipótesis). Esta recolección se lleva a cabo al utilizar procedimientos estandarizados y aceptados por una comunidad científica. Para que una investigación sea creíble y aceptada por otros investigadores, debe demostrarse que se siguieron tales procedimientos. Como en este enfoque se pretende medir, los fenómenos estudiados deben poder observarse o referirse en el «mundo real».

- Debido a que los datos son producto de mediciones, se representan mediante números (cantidades) y se deben analizar a través de métodos estadísticos.
- En el proceso se busca el máximo control para lograr que otras explicaciones posibles distintas o «rivales» a la propuesta del estudio (hipótesis) sean desechadas y se excluya la incertidumbre y minimice el error. Es por esto por lo que se confía en la experimentación y/o las pruebas de causa-efecto.
- Los análisis cuantitativos se interpretan a la luz de las predicciones iniciales (hipótesis) y de estudios previos (teoría). La interpretación constituye una explicación de cómo los resultados encajan en el conocimiento existente (Creswell, y Creswell, 2005).
- La investigación cuantitativa debe ser lo más «objetiva» posible. Los fenómenos que se observan y/o miden no deben ser afectados por el investigador.
- Los estudios cuantitativos siguen un patrón predecible y estructurado (el proceso) y se debe tener presente que las decisiones críticas se efectúan antes de recolectar los datos.
- En una investigación cuantitativa se pretende generalizar los resultados encontrados en un grupo o segmento (muestra) a una colectividad mayor (universo o población). También se busca que los estudios efectuados puedan replicarse.
- Al final, con los estudios cuantitativos se intenta explicar y predecir los fenómenos investigados, buscando regularidades y relaciones causales entre elementos. Esto significa que la meta principal es la construcción y demostración de teorías (que explican y predicen).
- Para este enfoque, si se sigue rigurosamente el proceso y, de acuerdo con ciertas reglas lógicas, los datos generados poseen los estándares de validez y confiabilidad, y las conclusiones derivadas contribuirán a la generación de conocimiento.
- Esta aproximación utiliza la lógica o razonamiento deductivo, que comienza con la teoría y de esta se derivan expresiones lógicas denominadas hipótesis que el investigador busca someter a prueba.
- La búsqueda cuantitativa ocurre en la realidad externa al individuo. Esto nos conduce a una explicación sobre cómo se concibe la realidad con esta aproximación a la investigación.

3.2.1.1.1. Tipos de estudios cuantitativos

Si has decidido llevar a cabo una investigación de enfoque cuantitativo, debes posicionarte con algún método en específico. A continuación, te proporciono una descripción general de cada uno de ellos, desde la perspectiva de Hernández-Sampieri *et al.* (2014):

1. *Investigación experimental:* en este tipo de estudios se manipulan intencionalmente una o más variables independientes (supuestas causas-antecedentes), para analizar las consecuencias que la manipulación tiene sobre una o más variables dependientes (supuestos efectos-consecuentes). Todo esto dentro de una situación de control para el investigador. En el ámbito de la educación este tipo de investigaciones suelen enfrentar el cuestionamiento a la dificultad que implica controlar el experimento de forma absoluta, ya que en educación no todo es exacto y se trabaja con personas y situaciones complejas. Por ejemplo, supongamos que el experimento que vamos a realizar consiste en evaluar el efecto de la enseñanza basada en la resolución de problemas en el rendimiento académico en matemáticas. Para ejecutar el experimento se dispondrá de un grupo experimental que recibirá la nueva metodología y un grupo de control que seguirá con la metodología tradicional. Ambos grupos deben ser elegidos al azar.

   Para analizar el experimento se evaluarán las calificaciones en exámenes de matemáticas antes y después de la implementación de la nueva metodología y se compararán las puntuaciones en ambos grupos. Se utilizarán pruebas estadísticas, para determinar si hay diferencias significativas en el rendimiento académico entre el grupo experimental y el grupo de control.

   Este tipo de estudios requiere de una manipulación adecuada de las variables y de que el experimento sea válido. Para profundizar en estos aspectos e informarte bien, al final de este apartado te dejo bibliografía.

2. *Investigación cuasiexperimental*: los diseños cuasiexperimentales también manipulan deliberadamente, al menos, una variable independiente para observar su efecto sobre las variables dependientes.

Sin embargo, se diferencian de los estudios experimentales «puros» en el grado de confiabilidad que se tiene sobre la equivalencia inicial de los grupos que se convertirán en los grupos experimentales y de control. En la investigación cuasiexperimental los sujetos no se asignan al azar, sino que ya están formados desde antes del experimento. Por ejemplo, si tomamos el mismo caso que vimos para los estudios experimentales, la distribución de los grupos para aplicar la nueva metodología para enseñar matemáticas se basaría en las clases ya existentes. Por ejemplo, de primer año de Educación Secundaria hay dos grupos en un instituto, uno de ellos será el de control y el otro experimental.

3. *Investigación no experimental:* estos estudios se realizan sin la manipulación deliberada de variables y en ellos solo se observan los fenómenos en su ambiente natural para después analizarlos (Hernández-Sampieri *et al.*, 2014, p. 149). En este tipo de investigaciones las variables independientes ocurren y no es posible manipularlas. No se puede ejercer un control directo sobre ellas ni se puede influir en cómo se comportan, porque ya sucedieron, al igual que sus efectos.

Para ejemplificar la diferencia entre estudios experimentales y no experimentales les dejaré un ejemplo coloquial:
Experimento: darle de comer algo atípico a una persona y ver sus reacciones.
No experimento: ver las reacciones de una persona después de haber comido algo atípico.

Si buscamos un ejemplo en el ámbito educativo, supongamos que nos interesa analizar la relación entre la cantidad de tiempo que los estudiantes pasan utilizando dispositivos electrónicos y su rendimiento académico. En este caso indagaríamos en el tiempo que dedican a los dispositivos a través de algunos instrumentos. También tendríamos que recoger información sobre el rendimiento académico a través de sus calificaciones. Luego tendríamos que usar métodos estadísticos para ver si hay correlación entre el tiempo

dedicado a los dispositivos y el rendimiento académico. Vamos a suponer que el resultado fue una correlación negativa en la cual quienes pasan más tiempo con los dispositivos tienen un rendimiento más bajo.
Entre las limitaciones de este tipo de estudios se encuentra el hecho de no haber manipulado alguna variable. Por esto no es posible afirmar con certeza que el uso de dispositivos electrónicos cause un rendimiento académico inferior. Puede haber otras variables no controladas, como la calidad del sueño, la alimentación, la motivación o el apoyo familiar, que podrían influir en los resultados.

Los diseños no experimentales se pueden clasificar en transeccionales y longitudinales. Los transeccionales recolectan datos en un tiempo único, en un solo momento. Su perspectiva es similar a tomar una fotografía de algo que sucede. Por ejemplo: medir las percepciones y actitudes de estudiantes de Educación Secundaria que participaron en un programa anti *bullying*.
A su vez, los diseños transeccionales se dividen en tres: exploratorios, descriptivos y correlacionales-causales.

Por otra parte, los diseños no experimentales longitudinales recolectan datos a través del tiempo en puntos o periodos, para hacer inferencias respecto al cambio, sus determinantes y consecuencias. Por ejemplo, si adoptamos el mismo ejemplo mencionado anteriormente, «medir las percepciones y actitudes de estudiantes de Educación Secundaria que participaron en un programa anti *bullying*», en un estudio longitudinal ese objetivo sería: «medir las percepciones y actitudes de estudiantes de Educación Secundaria en el transcurso de los tres años en que han participado en un programa anti *bullying*».

A su vez, los diseños longitudinales suelen dividirse en tres tipos: diseños de tendencia (*trend*), diseños de análisis evolutivo de grupos (cohorte) y diseños panel.

Otro aspecto importante de la metodología cuantitativa es la forma en que se va a recoger la información. Esto implica elegir una técnica de muestreo y un instrumento a través del cual se va a acceder a los participantes de la investigación.

3.2.1.1.2. Población y muestra en estudios cuantitativos

Desde una perspectiva cuantitativa, el primer paso para definir quiénes serán los participantes es establecer claramente las características de las unidades de análisis, dónde están ubicadas y a qué población pertenecen. «La población es el conjunto de todos los individuos a los que se desea hacer extensivo los resultados de la investigación. Se simboliza por N» (Bisquerra, 2009, p. 143).

Por motivos prácticos no se analiza toda la población, sino que se extrae una muestra. La muestra puede definirse como un subconjunto seleccionado de la población total que se extrae por medio de una técnica de muestreo y que debe ser representativa de dicha población. Si la muestra es representativa, los resultados de la investigación pueden ser generalizables a toda la población.

Es importante especificar que, en el momento de seleccionar la muestra, hay que tener en cuenta dos condiciones básicas (Bisquerra, 2009):

- La representatividad de la muestra: esto significa que esta debe reflejar adecuadamente al conjunto de la población. Cuando una muestra no es representativa se dice que está sesgada y esto anula la posibilidad de generalizar los resultados.
- El tamaño de la muestra: la muestra debe tener un tamaño suficiente para garantizar la representatividad anteriormente descrita. Existen técnicas estadísticas y programas informáticos (por ejemplo, los programas STATS, ECHANT y EPIDAT) que permiten calcular con precisión el tamaño de la muestra.

Si bien el cálculo del tamaño mínimo de la muestra debería llevarse a cabo mediante fórmulas estadísticas, de Cardona (2002, p. 121) entrega algunas sugerencias que se pueden tener en cuenta frente a este tema:

- Cuando mayor es la población, menor es el porcentaje de sujetos que se necesita para obtener una muestra representativa.

- Para poblaciones pequeñas (N<100) la recomendación es tomar a toda la población.
- Si el tamaño de la población se sitúa en torno a 500, se debería tomar el 50 % de la población.
- Si el tamaño de la población es de unos 1500 sujetos, debería tomarse el 20 % de la población.

En el enfoque cuantitativo es usual que se utilice el muestreo probabilístico, los cuales se caracterizan por seleccionar la muestra al azar. De esta forma, todos los individuos de la población tienen las mismas probabilidades de formar parte de la muestra. Los muestreos probabilísticos son los que entregan mayor precisión respecto a la representatividad de la población de estudio.

De acuerdo con Bisquerra (2009), los tipos de muestreo probabilístico son los siguientes:

a. Muestreo aleatorio simple: se selecciona la muestra a través de un sorteo. Se asigna un número a cada individuo de la población, luego se realiza la selección mediante algún sistema mecánico o a través de algún programa informáticos que sirva a tal efecto. Actualmente en internet se encuentran bastantes herramientas para llevarlo a cabo, por ejemplo:
https://es.surveymonkey.com/mp/sample-size-calculator/
https://www.questionpro.com/es/calculadora-de-muestra.html
https://www.eduardvelazquez.com/herramientas/muestreo-aleatorio-simple/

b. Muestreo aleatorio sistemático: es una modalidad del muestreo aleatorio simple, solo que es más conveniente cuando se utilizan poblaciones grandes, ya que permite escoger los miembros de la población en un intervalo de selección sistemática, cada K valor. Lo que se hace es lo siguiente: «1) se ordenan los individuos de la población; 2) se calcula el valor K, a través de K= N/n, pues K (constante) es un número entero, N es el número de individuos de la población y n es el tamaño de la muestra calculado por fórmulas estadísticas; 3) se elige al azar un número “a”, comprendido entre 1 y K; 4) el número “a” será el primer individuo seleccionado; 5) los sucesivos individuos serán: a+K, a+2K, a+3K,... hasta llegar a n» (p, 146).

c. Muestreo aleatorio estratificado: esta técnica de muestreo se utiliza para mejorar la representatividad de una muestra, especialmente cuando la población se puede dividir en subgrupos o estratos que tienen características similares. En lugar de realizar un muestreo simple aleatorio de toda la población, el muestreo estratificado implica dividir la población en estratos y luego tomar muestras aleatorias de cada estrato. El objetivo principal de este muestreo es garantizar que cada subgrupo de la población esté representado de manera adecuada en la muestra final. Esto puede ser útil cuando hay heterogeneidad en la población y se quiere asegurar una representación proporcional de cada grupo. Este enfoque puede ser más eficiente y preciso en comparación con el muestreo simple aleatorio, especialmente cuando hay variabilidad significativa entre los estratos y se desea capturar esa variabilidad en la muestra.

d. Muestreo aleatorio por conglomerados: esta técnica de muestreo se utiliza cuando la población es muy extensa o dispersa geográficamente, y es difícil o costoso seleccionar una muestra aleatoria simple directamente de la población completa. En lugar de seleccionar individuos individuales, el muestreo por conglomerados implica dividir la población en grupos más grandes llamados conglomerados y luego seleccionar aleatoriamente algunos de estos conglomerados para formar la muestra. A diferencia del muestreo aleatorio estratificado, donde se seleccionan individuos de cada estrato, en el muestreo por conglomerados se seleccionan grupos enteros. Esto puede ser más práctico y eficiente cuando los elementos de la población están naturalmente agrupados.

3.2.1.1.3. Recolección y análisis de datos cuantitativos

Para poder recoger los datos de una investigación debemos seleccionar los instrumentos de medición adecuados para ello. La medición es efectiva cuando el instrumento de recolección de datos representa realmente a las variables que están presentes en la investigación. Si esto no es así, la medición es deficiente e invalida nuestros resultados. Si bien no hay medición perfecta, debemos intentar acercarnos lo más posible a ella mediante el instrumente de medición que vamos a utilizar.

De acuerdo con Hernández Sampieri *et al.* (2014) toda medición o instrumento de recolección de datos debe cumplir con tres requisitos: confiabilidad, validez y objetividad:

- *Confiabilidad*: la confiabilidad de un instrumento se refiere a la consistencia o estabilidad de las mediciones que este realiza. En otras palabras, se trata de la capacidad del instrumento para proporcionar resultados consistentes y reproducibles en condiciones similares.

- *Validez*: en términos generales, la validez se refiere al grado en que un instrumento mide realmente lo que se supone que debe medir. Por ejemplo, un instrumento válido para medir la presión arterial debe medir la presión arterial y no la frecuencia cardiaca. Un ejemplo en el ámbito educativo es que un instrumento que pretenda medir la habilidad para resolver problemas geométricos en matemáticas mida eso y no la capacidad para sumar y restar, ya que para eso se necesitaría de otro instrumento.

  Hay distintos tipos de validez. *La validez de contenido* se refiere a la medida en que un instrumento de medición, como un examen, realmente evalúa todas las dimensiones del constructo que se supone que debe medir. Por ejemplo, si un instrumento quiere medir la competencia lectora, este debe abarcar todas las habilidades y aspectos relevantes de la lectura, como comprensión, vocabulario, fluidez y análisis crítico.

  La validez de constructo es un tipo de validez que se refiere a la medida en que un instrumento de medición evalúa el constructo teórico o conceptual que se supone que está midiendo. En otras palabras, este tipo de validez se centra en la precisión con la que un instrumento refleja y representa las dimensiones o características esenciales del constructo que se está estudiando. Las preguntas que se responden con la validez de constructo son: ¿el concepto teórico está realmente reflejado en el instrumento?, ¿qué significan las puntuaciones del instrumento?, ¿el instrumento mide el constructo y sus dimensiones?, ¿por qué sí o por qué no?, ¿cómo opera el instrumento?

Otro tipo de validez que algunos autores utilizan es la *validez por expertos*, la cual se refiere al grado en que aparentemente un instrumento de medición mide la variable en cuestión, de acuerdo con personas consideradas expertas en la materia. Estos profesionales revisan el instrumento para determinar si sus elementos (preguntas, ítems, enunciados) son apropiados, relevantes y representativos del contenido que se supone que el instrumento debe medir. Luego, el equipo investigador recoge las críticas o sugerencias de los expertos e intentan mejorar el instrumento.

- *Objetividad*: en el área de las ciencias sociales la objetividad es difícil de lograr ya que, a diferencia de las ciencias exactas, en este ámbito juegan un rol fundamental las emociones, las conductas humanas, las valoraciones, las percepciones, etc. donde no siempre habrá una respuesta 100 % objetiva frente a una pregunta de investigación. En un instrumento de medición, la objetividad se refiere al grado en que este es permeable a la influencia de los sesgos y tendencias de las personas investigadoras. Por ejemplo, investigadores xenófobos quizás, por su sesgo, influyan negativamente en cómo abordan una investigación que se lleva a cabo con un grupo de migrantes.

> La objetividad se refuerza mediante la estandarización en la aplicación del instrumento (mismas instrucciones y condiciones para todos los participantes) y en la evaluación de los resultados; así como al emplear personal capacitado y experimentado en el instrumento. Por ejemplo, si se utilizan observadores, su proceder en todos los casos debe ser

> lo más similar que sea posible y su entrenamiento tendrá que ser profundo y adecuado. Los estudios cuantitativos buscan que la influencia de las características y las tendencias del investigador se reduzcan al mínimo posible, lo que insistimos es un ideal, pues la investigación siempre es realizada por seres humanos (Hernández-Sampieri *et al.*, 2014, p. 207).

Los instrumentos de medición o de recolección de datos más utilizados en el enfoque cuantitativo son los siguientes:

- Cuestionarios.
- Análisis de contenido cuantitativo.
- Observación.
- Pruebas estandarizadas e inventarios.

Nos detendremos brevemente en los cuestionarios, pero, a sabiendas de que este libro no es un manual de métodos de investigación, te animo a que profundices en ello en el capítulo 9 del libro de Hernádez-Sampieri *et al.* (2014) que ya se ha mencionado. En dicho capítulo se entregan detalles y ejemplos acerca de cómo construir un cuestionario y todos los factores que debes tener en cuenta para ello.

Un cuestionario consiste en un conjunto de preguntas respecto de una o más variables a medir. Puede tener preguntas abiertas o cerradas. Una pregunta abierta sería, por ejemplo ¿qué opinas de la eutanasia? Frente a la cual no se delimitarían alternativas de respuesta. Son útiles cuando no hay suficiente información sobre las posibles respuestas de las personas.

Por otra parte, una pregunta cerrada sería, por ejemplo: ¿usted bebe café?

Sí ( ) No ( )

Pueden ser dicotómicas, como la del ejemplo anterior, que solo tiene dos opciones, o politómicas, que tienen más de dos opciones de respuesta. En comparación a las abiertas, este tipo de preguntas son más fáciles de analizar y de codificar posteriormente.

La elección del tipo de preguntas dependerá de varios ámbitos: del grado en que se puedan anticipar las posibles respuestas, de los tiempos con los que se cuenta para codificar y de si se busca conseguir una respuesta más acotada o profundizar en algún asunto.

Las preguntas que no pueden faltar en un cuestionario son las demográficas, por ejemplo: edad, edad, estado civil, nivel de estudios, profesión, etc. Esto dependerá de los objetivos de la investigación. Se debe preguntar por lo que es necesario y relevante para el logro de estos.

Más allá de si son preguntas abiertas o cerradas, estas deben ser claras y comprensibles. Deben evitarse ambigüedades o expresiones confusas. Por ejemplo: ¿le gusta leer? No se especifica qué tipo de textos (literatura de ficción, textos no literarios, cómics, etc.) ni tampoco el tipo de formato (en papel, *ebook*, otros dispositivos, etc.). También se aconseja que las preguntas sean breves (a no ser que sea un tema complejo, que necesite de preguntas más largas) y que estén formuladas en un vocabulario cercano a la audiencia a la cual van dirigidos. También se sugiere evitar incomodar a las personas con preguntas donde se sientan juzgadas o amenazadas. Por ejemplo, a personas que están saliendo de una depresión no les puedes preguntar: ¿estar depresivo depende de ti? Esta sería una pregunta totalmente inadecuada y pondría en una situación incómoda a los participantes.

Por otra parte, las preguntas deben referirse a solo un elemento. Por ejemplo, en la siguiente pregunta: ¿usted escribe y lee habitualmente durante el día?, vemos que hay dos ámbitos: la escritura y la lectura. Es necesario dividirla en dos preguntas diferentes, una relacionada con la escritura y otra relacionada con la lectura.

Las preguntas no deben inducir las respuestas. Por ejemplo: ¿cómo te sentiste con la increíble y emocionante experiencia que tuviste durante nuestras vacaciones el verano pasado? Es una pregunta que induce una respuesta, por lo tanto, no es adecuada.

Finalmente, es aconsejable evitar preguntas que hagan negaciones. Por ejemplo: ¿qué no le agrada de esta institución?, es mejor decir: ¿qué aspectos le desagradan de esta institución? Tampoco es recomendable incluir dobles negaciones, por ejemplo: ¿considera que la mayoría de las estudiantes de Educación Secundaria preferiría no llevar deberes si no han hecho las actividades en clase? Mejor se redacta de manera positiva, por ejemplo: ¿cree usted que la mayoría de las estudiantes de Educación Secundaria preferiría no recibir deberes si ya han completado las actividades en clase?

Con estos consejos hemos dado una mirada general a la construcción de un cuestionario. Insisto en que es un tema complejo, que requiere de profundidad y prolijidad. Para ello te aconsejo que leas el capítulo 9 del libro de Hernández-Sampieri *et al.* (2014).

Por otra parte, el análisis de los datos cuantitativos requiere de la aplicación de técnicas estadísticas para examinar y comprender los patrones, relaciones y tendencias en un conjunto de datos numéricos. Los pasos comunes en el análisis de datos cuantitativos son los siguientes:

- Preparación de los datos: verificación y limpieza de datos para identificar y corregir posibles errores, codificación de variables si es necesario, organización de los datos en un formato adecuado para el análisis.

- Exploración de datos: que incluye una descripción estadística, como por ejemplo cálculo de estadísticas descriptivas como la media, la mediana, la moda, la desviación estándar, etc., para resumir las características clave de las variables. También se suelen crear gráficos como histogramas, diagramas de dispersión para visualizar la distribución de los datos y las relaciones entre variables.

- Pruebas de hipótesis: esto implica la aplicación de pruebas estadísticas para evaluar hipótesis específicas. Esto puede incluir pruebas t como la prueba t de Student o pruebas de ANOVA para comparar medias, pruebas de chi-cuadrado para evaluar asociaciones en datos categóricos, y otras pruebas según la naturaleza de los datos y las preguntas de investigación.

- Análisis de regresión: este tipo de análisis implica la utilización de análisis de regresión para examinar relaciones entre variables, identificar patrones y predecir valores futuros. Esto puede incluir regresión lineal, regresión logística u otros tipos de regresión según el caso.

- Análisis de varianza (ANOVA): estos análisis implican la aplicación de análisis de varianza cuando hay más de dos grupos para determinar si hay diferencias significativas entre ellos.

- Análisis de correlación: esto implica la evaluación de la fuerza y dirección de la relación entre dos variables utilizando análisis de correlación, como el coeficiente de correlación de Pearson.

- Análisis multivariado: en este caso se hace empleo de técnicas multivariadas como el análisis de componentes principales (PCA) o el análisis de conglomerados para abordar relaciones complejas entre múltiples variables.

En tu TFT debes explicitar bajo qué mecanismos hiciste el análisis de datos: esto quiere decir que no basta con mencionar que seguiste métodos estadísticos. Lo adecuado es que detalles en qué programa te apoyaste y qué operaciones realizaste en él. Por ejemplo:

> El tratamiento de los datos y los exámenes estadísticos realizados para dar respuesta a los objetivos de este estudio se llevó a cabo mediante el programa R-Studio (versión 2022.07.1 build 554) y el *software* Microsoft Excel (versión Office 365), ambos para el entorno operativo Microsoft Windows 10. De manera específica, estos aplicativos de apoyo metodológico sirvieron para efectuar cálculos de tendencia central y frecuencias, valorar la distribución de los datos (curtosis, asimetría, Shapiro Wilk y Kolmogorov-Smirnov [K-S]), hacer análisis de contraste mediante pruebas no paramétricas (U de Mann-Whitney) y ejecutar exámenes para medir la fiabilidad de la escala de resiliencia empleada (coeficiente alfa de Cronbach [α] y omega de McDonald [ω]) (López-Aguilar *et al.*, 2023, p. 11)

Junto con el director de tu TFT decidirás qué *software* utilizarás. En el caso de Trabajo de Fin de Grado es factible usar Excel de Microsoft. En estudios de máster o doctorado ya se requiere algo de mayor envergadura. Hay bastante variedad de *software* que se puede utilizar para fines estadísticos de investigación. También hay algunos que requieren la compra de una licencia. A continuación, te menciono los más destacados:

Nombre	Observaciones
SPSS Estadistics	SPSS es un formato que ofrece IBM para un análisis estadístico completo. Es un *software* popular entre los usuarios de Windows y es reconocido por su capacidad de gestionar grandes volúmenes de datos. Su utilización requiere de la compra de una licencia. También existe una licencia de prueba que suele durar 14 días. https://www.ibm.com/es-es/spss
PSPP	El programa PSPP es un *software* de código abierto que se emplea en el análisis estadístico de datos. Surge como una alternativa frente a SPSS ya que es un *software* gratuito que tiene funcionalidades bastante similares a él. https://www.gnu.org/software/pspp/get.html
DATAVIV'	Es una potente herramienta de análisis estadístico accesible *online* desarrollada por Le Sphinx. Tiene opciones de pago y también acceso al programa desde una cuenta *online*. También ofrece una prueba gratuita. https://www.lesphinx.es/dataviv
Excel con su complemento XLSTAT	Para ocupar las funcionalidades avanzadas de Excel es necesario instalar un complemento (de pago) denominado XLSTAT que permite el análisis multivariable. https://www.xlstat.com/es/
STATA	Es un paquete de *software* estadístico utilizado por todo tipo de organizaciones, empresas y universidades dedicadas a la investigación Stata permite la gestión de datos, el análisis estadístico, el trazado de gráficos y las simulaciones. Es de pago. https://www.stata.com/

Fuente: Elaboración propia

3.2.1.1.4. Recomendaciones generales de este enfoque

Cuando en tu TFT debas explicar la metodología cuantitativa que has llevado a cabo tienes que detallar cada una de las etapas que que seguiste. Deberás detenerte especialmente en las preguntas de investigación, los objetivos, el diseño, los instrumentos, los participantes y en el cómo llevaste a cabo el análisis de la información. A continuación, te dejo algunos consejos:

- Busca siempre que haya coherencia entre las preguntas de investigación, los objetivos y las hipótesis. Por cada pregunta debería haber un objetivo y esto debería reflejarse en la o las hipótesis. Por ejemplo:

  Pregunta de investigación: ¿cómo impactan las metodologías activas en el proceso de aprendizaje de los estudiantes en asignaturas de ciencias en educación superior?

  Objetivo general: explicar el efecto de las metodologías activas en el proceso de aprendizaje de los estudiantes en asignaturas de ciencias en educación superior.

  Hipótesis: la implementación de metodologías activas en cursos de ciencias en educación superior se asociará positivamente con el rendimiento académico de los estudiantes.

  Tal como se observa en el ejemplo hay coherencia entre los tres elementos: pregunta-objetivo e hipótesis. Esto se refleja en que apuntan a lo mismo y utilizan las mismas palabras. Lo incorrecto es que, por ejemplo, tu pregunta de investigación fuera: ¿cómo impactan las metodologías activas en el proceso de aprendizaje de los estudiantes en asignaturas de ciencias en educación superior? Y luego tu objetivo general fuera el siguiente: analizar qué metodologías activas se utilizan en las asignaturas de ciencias en la educación superior.

  Como podrás observar la pregunta apunta hacia el impacto de estas metodologías, mientras que el objetivo a apunta a cuáles son dichas metodologías. Aunque se parezcan no apuntan lo mismo. Esto es algo en lo que debes tener especial cuidado.

Como ya he mencionado en un par de ocasiones, este libro no tiene como fin último profundizar en la metodología de investigación. Es por ello por lo que, para profundizar en la metodología cuantitativa, te recomiendo los capítulos 2, 3, 5, 6, 7, 8, 9, 10 y 11 del mismo libro de Hernández-Sampieri *et al*., (2014) que se ha mencionado en todo este apartado.

También pueden consultar el siguiente libro que es de acceso abierto en la web:

Gómez - Rojas, G., & Cohen, N. (2019). *Metodología de la investigación, ¿para qué?: la producción de los datos y los diseños.* Teseo. https://biblioteca.clacso.edu.ar/clacso/se/20190823024606/Metodologia_para_que.pdf

3.2.1.2. Metodología cualitativa

Al igual que el enfoque cuantitativo, el enfoque cualitativo también se guía por áreas o temas de investigación que sean de interés para las personas investigadoras. Sin embargo, a diferencia de la metodología cuantitativa, no sigue con tanta claridad el camino de preguntas de investigación, hipótesis, recolección de datos y el análisis de estos.

Entre las definiciones de esta metodología es pertinente mencionar la de Sandín (2003, p. 123), donde indica que la metodología cualitativa es una «actividad sistemática orientada a la comprensión en profundidad de fenómenos educativos y sociales, a la transformación de prácticas y escenarios socioeducativos, a la toma de decisiones y también hacia el descubrimiento de un cuerpo organizado de conocimientos».

Los estudios cualitativos pueden desarrollar preguntas antes, durante o después de la recolección y el análisis de los datos; y suelen no tener hipótesis. En este tipo de estudios se sigue una lógica dinámica en una doble dirección: se puede ir de los hechos a su interpretación o viceversa. No se sigue un proceso rígido, sino que sigue una vía más bien circular y flexible. De hecho, no siempre se sigue las mismas etapas, estas pueden variar de acuerdo con cada investigación.

Las investigaciones cualitativas tienen un enfoque idiográfico ya que ponen el énfasis en lo particular e individual. Más que grandes cantidades de participantes, a este enfoque le interesa trabajar con muestras que aporten datos relevantes que permitan generar conocimiento desde una perspectiva inductiva.

Para mostrarte la flexibilidad que te menciono veamos el siguiente ejemplo. Es posible que hayas establecido que el objetivo de tu investigación será: «conocer las motivaciones del profesorado para haberse convertido en maestros». Vamos a suponer que los participantes de tu investigación cualitativa será un grupo de profesores del sistema escolar. Desde la perspectiva cualitativa, a partir de los resultados que vas obteniendo puedes tomar nuevas decisiones metodológicas. Por ejemplo, en este caso puedes darte cuenta de que también sería interesante abordar las perspectivas del profesorado en formación, y es por ello por lo que los incluyes en la investigación, aunque en un principio no los hayas considerado.

3.2.1.2.1. Tipos de estudios cualitativos

Si recogemos tanto las aportaciones de Hernández-Sampieri *et al.* (2014) como de Sabariego Puig *et al.* (2009) podemos afirmar que los principales métodos que se utilizan en investigación educativa cualitativa son: fenomenología, etnografía, estudio de casos, investigación-acción, estudio biográfico-narrativos y teoría fundamentada. Abordaremos brevemente cada uno de ellos, apoyándonos en los trabajos de los autores ya mencionados:

1. *Fenomenología*: el principal objetivo de los estudios fenomenológicos es explorar y comprender la esencia de las experiencias humanas desde la perspectiva de quienes las viven. Sigue un proceso de investigación claramente inductivo que se inicia con una fase descriptiva donde se recoge información sobre la experiencia en la cual se pretende profundizar de la forma más exhaustiva posible. En el área de educación pone su foco en la descripción detallada de las vivencias de estudiantado, profesorado, equipo directivo u otros actores educativos, con el propósito de captar la esencia fundamental de esas experiencias.

   En el ámbito educativo un estudio fenomenológico centrado en el acoso escolar se interesaría en profundizar en el tema a través del énfasis en los aspectos esenciales y subjetivos de quienes han vivido esa experiencia. Para ello se debe poner especial atención en las voces, las historias y experiencias de sus protagonistas, que en este caso podrían ser los estudiantes que han sufrido acoso, los que han sido identificados como acosadores, las familias involucradas, el profesorado, etc., lo que dependerá del objetivo del estudio. A este tipo de investigaciones le interesan los significados y por eso utiliza las entrevistas, el registro de anécdotas y las observaciones como principales técnicas de obtención de la información (Sabariego Puig *et al.*, 2009).

2. *Etnografía*: es considerado como el método más conocido y utilizado en el campo educativo. Son estudios que buscan describir y analizar ideas, comportamientos, creencias, conocimientos y prácticas de un grupo, cultura y comunidad en su entorno natural (McLeod y Thomson, 2009). En los diseños etnográficos las personas investigadoras permanecen un tiempo prolongado en el contexto del grupo que están investigando. Esto implica que no sean meros observadores, sino que sean unos participantes más que se involucran paulatinamente en el escenario, hasta el punto de pasar desapercibidos por esa comunidad, que ya no los observarán como personas extrañas.
   Por otra parte, este tipo de estudios cualitativos utiliza diversas herramientas para recolectar sus datos, como, por ejemplo: observación, entrevistas, *focus group*, documentos, etc. La persona investigadora realiza interpretaciones sobre lo que percibe y vive en ese ambiente. Su observación inicial es preliminar y luego comienza a enfocarse en ciertos aspectos más relevantes que procederá a describir de forma detallada.
   Un objetivo de una etnografía en el ámbito educativo sería, por ejemplo: explorar la cultura escolar respecto a las interacciones profesor-estudiante en un centro de Educación Secundaria de la Comunidad de Madrid.

3. *Estudios de casos*: el estudio de casos «implica un proceso de indagación caracterizado por el examen sistemático y en profundidad de casos de un fenómeno, entendidos estos como entidades sociales o entidades educativas únicas» (Sabariego Puig *et al.* 2009, p. 309). La característica más importante de ese método es el estudio intensivo y profundo de un/os caso/s o situación. Se le llama casos

a aquellas situaciones o entidades sociales únicas que son de interés para la investigación. Por ejemplo, en el área de educación, un caso puede ser un aula, una metodología empleada, un estudiante, la sala de profesores, la asociación de madres y padres, etc.
El estudio de casos puede ser estudio de un solo caso como también de múltiples casos (según lo establecido en las unidades de análisis). Por ejemplo, podemos conocer un centro educativo que usa pedagogía Montessori porque nos interesa ese caso en particular, o bien analizar dos centros que usan esta pedagogía porque nos parecen dos unidades que ameritan ser abordadas para el logro de los objetivos de la investigación.

4. *Investigación-acción*: el propósito fundamental de la investigación-acción es aportar información que ayude a resolver problemas y a mejorar la práctica. De acuerdo con Sandín (2003) la investigación-acción busca el cambio social, la transformación de la realidad de los sujetos y que estos asuman un rol activo en ese proceso de transformación. Kemmis y McTaggart (1988) indican que las características más importantes de la investigación-acción son las siguientes: es participativa y colaborativa, sigue un ciclo en espiral de planificación, acción, observación y reflexión, está orientada a la praxis y se inicia con pequeños ciclos para luego avanzar a procesos de mayor envergadura.
El fin último de la investigación-acción es transformar la práctica social y/o educativa y articular la investigación, la acción y la formación. También pretende convertir a los prácticos en investigadores (Latorre-Beltrán, 2009). Para ejemplificar una investigación-acción veamos el siguiente caso: en un aula de Educación Secundaria se observa que hay baja participación oral de los estudiantes. Cuando el profesor propone actividades participativas donde ellos tienen que tomar la palabra abunda el silencio. Para abordar esta situación primero tendríamos que planificar los pasos a seguir para luego llevarlos a la acción. Se podrían implementan estrategias para fomentar la participación, como el uso de preguntas abiertas, actividades prácticas y creativas; también se podrían

usar las tecnologías de forma interactiva. Posteriormente habría que observar y recoger información sobre cómo ha funcionado la acción y reflexionar en torno a ello, pensar en mejoras al plan de acción, hacer los ajustes necesarios y optimizar el proceso.

5. *Estudio biográfico-narrativo*: este tipo de estudios rechaza la concepción positivista de mantener una distancia entre el investigador y el objeto de estudio. Lo que hace es poner a los informantes en un papel central como los principales protagonistas de la investigación. La atención se dirige hacia aspectos subjetivos extraídos a través de relatos, que posibilitan la comprensión de la riqueza y los detalles de los significados en las cuestiones humanas: motivaciones, sentimientos, deseos o propósitos (Sabariego Puig *et al.*, 2009). Este tipo de estudios son relevantes para el ámbito educativo ya que la educación es una acción práctica que acontece en situaciones específicas, donde los relatos de los profesores, directivos o estudiantes se convierten en una forma válida de comprender y expresar las experiencias educativas.
   La primera etapa de la utilización de este método implica la recopilación de historias donde se recogen relatos detallados de la vida de los participantes. Posteriormente se analizan estos relatos para identificar modelos, temas recurrentes y elementos significativos. Este enfoque da especial atención a la interpretación subjetiva de las experiencias y a cómo los individuos construyen significado a lo largo del tiempo. Finalmente se contextualizan las historias dentro de factores sociales, culturales y educativos más amplios para comprender cómo estos elementos han influido en la formación de la identidad de las personas y en sus prácticas educativas.
   Para ejemplificar este método te dejo el siguiente ejemplo: supongamos que nos interesa explorar la trayectoria profesional de la directora de un centro educativo, quien cuenta con 20 años de experiencia en ese cargo y en esa misma institución. El primer paso es realizarle una entrevista en profundidad donde se recopilen datos detallados de su vida, desde su infancia hasta la actualidad. En el análisis, las personas investigadoras pueden descubrir algunos

patrones o temas relevantes, como la influencia de otros maestros o directores que le han inspirado en la elección de la carrera o cómo las experiencias personales y profesionales que ha tenido en su camino profesional han influido en la manera que concibe la educación. Este enfoque proporciona una comprensión más profunda de su vida y de su carrera.

6. *Teoría fundamentada*: la teoría fundamentada (Grounded Theory) surgió en 1967 y fue propuesta por Barney Glaser y Anselm Strauss. Busca desarrollar teorías a partir de los datos recogidos, en lugar de probar teorías existentes. Desde la perspectiva de este enfoque se recopilan datos, luego se realiza el proceso de codificación axial y abierta y se lleva a cabo el análisis inductivo. Con esto se sigue una lógica de generación de teorías emergentes que están fundamentadas en los propios datos.
   En la codificación abierta se realiza una exploración detallada de los datos brutos para identificar conceptos e ideas sin imponer estructuras predefinidas. Después de la codificación abierta, la fase axial se centra en organizar y relacionar los códigos identificados.
   La teoría fundamentada busca establecer relaciones entre los datos, donde la teoría emerge a lo largo del proceso de investigación. Creswell (2007) indica que es especialmente útil cuando las teorías disponibles no logran explicar el fenómeno o planteamiento del problema.
   Por ejemplo, vamos a suponer que nuestra pregunta de investigación es: ¿cómo los profesores evalúan los trabajos grupales de sus estudiantes? A través de entrevistas en profundidad y observaciones en las aulas se obtiene información detallada sobre las estrategias de evaluación que usan los profesores. Luego se utiliza la codificación abierta y axial de la teoría fundamentada, los datos se organizan y se buscan patrones emergentes relacionados con la evaluación. El siguiente paso es el desarrollo de una teoría emergente que describe las prácticas evaluativas en caso de trabajos en grupo. Se identifican factores clave como la formación docente, el apoyo institucional y la adaptabilidad pedagógica.

3.2.1.2.2. Población y muestra en estudios cualitativos

Desde el enfoque cualitativo, las primeras decisiones para elegir la muestra ocurren desde el planteamiento de la investigación y cuando seleccionamos el contexto. En este momento es donde esperamos encontrar los casos que nos interesan. La pregunta que nos hacemos en este tipo de investigaciones es: ¿qué casos nos interesan inicialmente y dónde podemos encontrarlos? (Hernández-Sampieri *et al.*, 2014).

En los estudios cualitativos el tamaño de muestra no es importante desde una perspectiva probabilística, pues el interés de las personas investigadoras no es generalizar los resultados de su estudio a una población más amplia. Lo que se busca en la indagación cualitativa es la profundidad. Por ello lo que nos interesan son casos: participantes, personas, organizaciones, eventos, hechos, etc. que nos ayuden a entender el fenómeno de estudio y dar respuesta a las preguntas de investigación.

Aunque tengamos claras estas afirmaciones solemos tener la duda respecto a qué cantidad de casos o individuos necesitamos en una investigación cualitativa. Al respecto, Hernández-Sampieri *et al.* (2014, p. 394) señalan los tres los factores que se deben de tener en cuenta para sugerir el número de casos:

1. Capacidad operativa de recolección y análisis (el número de casos que podemos manejar de manera realista y de acuerdo con los recursos que dispongamos).
2. El entendimiento del fenómeno (el número de casos que nos permitan responder a las preguntas de investigación, que más adelante se denominará «saturación de categorías»).
3. La naturaleza del fenómeno bajo análisis (si los casos son frecuentes y accesibles o no, si el recolectar información sobre estos lleva relativamente poco o mucho tiempo).

En este tipo de investigaciones es habitual que usen muestreos no probabilísticos, aunque no sean exclusivos de este enfoque. El muestreo no probabilístico es una técnica mediante la cual se seleccionan a los participantes del estudio a través de un proceso que no proporciona a toda la población las mismas oportunidades de ser seleccionados. A diferencia del muestro probabilístico que busca la selección aleatoria de los sujetos, en una muestra no probabilística generalmente las personas son seleccionadas en función de su accesibilidad o en relación con un criterio personal e intencional de quien investiga.

A continuación, se mencionan algunos tipos de muestreo no probabilístico desde la perspectiva de Hernández-Sampieri *et al.* (2014):

a. La muestra de participantes voluntarios: corresponde a aquella técnica de muestreo mediante la cual las personas se proponen como participantes en el estudio o responden activamente a una invitación. Por ejemplo, entramos a un aula e invitamos a los estudiantes a responder una breve encuesta sobre el uso de los dispositivos digitales. De los 30 alumnos, hay 15 de ellos que se ofrecen a participar.

b. La muestra de expertos: en ciertos estudios es necesaria la opinión de personas expertas en un tema. Estas muestras son frecuentes en estudios cualitativos y exploratorios. Por ejemplo, en un estudio sobre el perfil de las mujeres investigadoras en el área de educación en España se puede recurrir a una muestra de ellas. Se tomaría esta decisión porque ellas serían las participantes más idóneas para hablar de su profesión, de las posibles las brechas de género, de la conciliación familiar en su profesión, etc. Estas muestras tienen validez y son de utilidad cuando los objetivos del estudio así lo requieren.

c. Muestreo por cuotas: en este caso se seleccionan participantes para la muestra de acuerdo con ciertas características predefinidas para garantizar que la muestra refleje proporciones específicas de esas características. Sin embargo, la selección exacta de los elementos no sigue un proceso probabilístico. Por ejemplo, nos interesa conocer las valoraciones de un grupo de estudiantes universitarios sobre las problemáticas de salud mental que enfrentan. Para recoger datos con ellos buscaremos de forma proporcional a estudiantes de 1º, 2º, 3º y 4º año de carrera. Por ejemplo, podemos buscar 10 estudiantes de cada uno de estos cursos a los cuales les realizaremos una entrevista. Si bien no ha sigo aleatorio se está buscando contar con participantes de todos los niveles de una determinada titulación con el propósito de conseguir cierta representatividad.

d. Muestreo en cadena o por redes (también llamado bola de nieve): en este caso se identifican participantes clave y se agregan a la muestra. Luego se les pregunta si conocen a otras personas que puedan proporcionar datos más amplios, y una vez contactados, los incluimos también. Por ejemplo, imaginemos un estudio que busca identificar estrategias efectivas de enseñanza por parte del profesorado universitario. El investigador podría comenzar seleccionando a un profesor que ha sido recomendado por el decano de la facultad por sus buenos resultados con los estudiantes. Este docente podría ser entrevistado y luego podría sugerir a otros profesores que también han tenido éxitos notables en sus roles, los que a su vez recomendarán a otros.

3.2.1.2.3. Recolección y análisis de datos cualitativos

Para el enfoque cualitativo, al igual que para el cuantitativo, la recolección de datos es un paso esencial, aunque su objetivo no sea medir variables para llevar a cabo inferencias y análisis estadísticos. Como ya se ha mencionado, lo que se busca en un estudio cualitativo es obtener datos en profundidad acerca de personas, comunidades, contextos o situaciones.

Ya que el foco está puesto en los seres humanos, los datos que interesan son conceptos, percepciones, creencias, emociones, interacciones, pensamientos, experiencias y procesos manifestadas desde el propio relato de los participantes. Estos relatos se recolectan con la finalidad de que sean analizados para lograr su comprensión y así responder a las preguntas de investigación planteadas.

De acuerdo con Hernández-Sampieri *et al.* (2014) el principal instrumento de recolección de datos en el proceso cualitativo son las propias personas investigadoras. El investigador es quien, mediante diversos métodos o técnicas, recoge los datos (él o ella es quien observa, entrevista, revisa documentos, conduce sesiones, etc.). No solo analiza la información, sino que es el medio para obtenerla.

Por otra parte, en la indagación cualitativa los instrumentos no son estandarizados, y se recolectan datos de diferentes tipos: lenguaje escrito, verbal y no verbal, conductas observables e imágenes.

A continuación, abordaremos algunas de las principales técnicas de recolección de datos en el proceso cualitativo utilizando como principales referencias los trabajos de Massoi Lafon *et al.* (2009) y de Hernández-Sampieri *et al.* (2014):

- La observación: en la investigación cualitativa la observación no se limita a contemplar las cosas y tomar notas, sino que implica que las personas investigadoras se adentren en profundidad en las situaciones que ameritan conocer para los objetivos de la investigación. Para ello es fundamental adoptar un papel activo y estar atento a los detalles.

  En la investigación cualitativa la observación no se basa en sentarse al final de un salón de clases e ir puntuando una pauta ya establecida. En estos casos el primer contacto debe implicar una inmersión inicial en el contexto. Esto requiere observar y anotar todo lo que sea pertinente y el formato puede ser algo sencillo, como una hoja donde se registran tanto las anotaciones descriptivas de la observación como las interpretativas.

  Existen distintos niveles de participación en la observación de acuerdo con el rol que asume la persona que observa. Las dos que son más utilizadas son la participación activa y la participación completa. En la activa el observador participa en la mayoría de las actividades; sin embargo, no se involucra completamente con los participantes. En la completa el observador se involucra completamente y pasa a ser un observador más.

- La entrevista: la entrevista cualitativa tiene un enfoque flexible y abierto donde se espera establecer una conversación distendida con los participantes. Las entrevistas se dividen en estructuradas, semiestructuradas y abiertas (Grinnell y Unrau, 2007). En las estructuradas, el entrevistador realiza su labor con base en una guía de preguntas específicas y se limita a esta siguiendo incluso el orden en el que están planteadas. Por su parte, las entrevistas semiestructuradas se basan en una guía general que contiene los temas o algunas de las preguntas que se quieran plantear y el entrevistador tiene la libertad de introducir nuevas interrogantes para precisar conceptos u obtener más información. Finalmente, las entrevistas abiertas se fundamentan en una guía general de contenido, pero el entrevistador posee absoluta flexibilidad para manejar el ritmo, la estructura y el contenido.

Un aspecto importante respecto a la entrevista es que la persona entrevistadora (que suele ser el propio investigador) debe ser altamente calificada en el oficio de entrevistar. Esto implica conocer aspectos como algunas técnicas de entrevista, el manejo de emociones y comunicación verbal y no verbal. Puede suceder, por ejemplo, que una persona entrevistada sienta tristeza o ansiedad frente a algún tema y que quien la está entrevistando sepa cómo manejar la situación. En este caso podría transmitirle palabras de calma, evitar seguir con la misma pregunta e incluso hacer una pausa para reanudar la entrevista posteriormente.

- Grupos de discusión: el grupo de discusión (*focus group* en inglés) es una técnica cualitativa que recurre a la entrevista grupal para recopilar información relevante sobre el problema de investigación. Por lo tanto, estamos frente a una técnica de carácter colectivo que contrasta con la singularidad personal de la entrevista. En esta situación discursiva los puntos de vista y las percepciones de las personas se desarrollan en su interacción con otras personas. La intención de los grupos focales es promover la apertura entre los participantes y generar un discurso grupal que permita identificar tendencias y/o regularidades en sus opiniones, también puede haber discrepancias, las cuales son interesantes para el correspondiente análisis.

Los grupos de discusión, que serán dirigidos por un moderador, deben ser lo suficientemente pequeños como para permitir la oportunidad a cada participante de compartir su discernimiento de las cosas y a la vez lo suficientemente grandes como para proveer diversidad de percepciones. Se recomienda que el tamaño del grupo sea entre cinco y diez personas. En cuanto al tiempo de duración, los autores recomiendan no alargar las sesiones más de noventa minutos (León y Montero, 2002).

- El análisis documental: el análisis documental implica la revisión y evaluación de diversos tipos de documentos, como textos escritos, gráficos y materiales audiovisuales, con el fin de extraer datos significativos y estructurarlos de forma sistemática. Puede ayudar a complementar, contrastar y validar la información que se ha obtenido por medio de otras técnicas o instrumentos. Los documentos representan una fuente confiable y útil para descubrir los intereses y puntos de vista de quienes los han escrito. Además, pueden ofrecer información valiosa que podría no estar disponible por otros medios.

Del Rincón *et al.* (1995) agrupan los documentos escritos en dos tipos: los documentos oficiales y los documentos personales. Los oficiales son, por ejemplo, artículos de periódicos, registros de organismos, documentos de organizaciones, informes gubernamentales, actas de reuniones, grabaciones escolares, registros de estudiantes, etc. Por su parte, los documentos personales se refieren a cualquier relato en primera persona producido por un individuo que describe sus propias experiencias, por ejemplo: los diarios personales, las cartas y las autobiografías.

El análisis de datos cualitativos implica la utilización de un razonamiento principalmente inductivo, a través del cual se analizan unidades discursivas con el propósito de lograr interpretarlas y comprenderlas. Realizar el análisis cualitativo implica un proceso que suele ser más demandante en comparación al cuantitativo. Si bien en este último construir las bases de datos puede implicar tiempo, lo cierto es que posteriormente el análisis en algún *software* estadístico requiere de un proceso de análisis relativamente rápido.

El análisis cualitativo es diferente ya que, si bien existen programas informáticos que ayudan en el proceso, son las personas investigadoras quienes interpretar la información. A esto debemos sumar las horas de dedicación que implica transcribir los audios de las entrevistas o *focus group* realizados. Para esto existen algunos programas clásicos y otros con uso de inteligencia artificial (por ejemplo: Transkiptor, TalkTyper, Notta, etc). Sin embargo, respecto a su uso algunos investigadores prefieren realizar ellos mismos la transcripción porque al escuchar directamente las palabras de los participantes pueden interiorizarse en su discurso e interpretar el lenguaje no verbal, como las pausas, énfasis, silencios, etc.

El análisis cualitativo puede comprender las siguientes etapas:

- *Preparación y organización de datos*: en esta etapa se deben transcribir los audios derivados de la grabación de instancias como entrevistas o grupos de discusión. Posteriormente se deben organizar los datos en unidades significativas, como segmentos de texto o categorías temáticas.
- *Familiarización con los datos*: esto implica que las personas investigadoras hagan una lectura completa y de los datos para obtener una comprensión general de estos. Para ello será de ayuda realizar anotaciones sobre ideas iniciales o patrones emergentes.
- *Generación de categorías o códigos*: acá se identifican conceptos clave, temas o patrones. Luego se crean códigos que representan a estos elementos. Si bien el proceso de análisis cualitativo suele seguir un razonamiento inductivo, también puede suceder que el equipo investigador cuenta con algunas categorías que ha establecido *a priori* a la recogida de datos. Estas categorías emergen desde el marco teórico.
- *Desarrollo del proceso de codificación*: para ejecutar el proceso de codificación se seleccionan fragmentos de discurso que resultan relevantes para los objetivos de la investigación o para las categorías establecidas previamente. La generación de códigos y el proceso de codificación son acciones que pueden suceder de forma simultánea. Las personas investigadoras pueden contar con una lista de códigos, y a medida que van leyendo los discursos transcritos irán identificando otros nuevos.
- *Jerarquización y selección de los códigos*: una vez que se han codificado todos los discursos y se cuenta con una lista de códigos se debe realizar una jerarquización de estos. Este proceso implica seleccionar los más importantes. Un criterio para seleccionar los códigos más importantes puede ser la frecuencia con la cual han aparecido. Puede que hayas identificado 100 códigos, pero hay 50 de ellos que han aparecido solo una vez y no representan un patrón dentro del análisis. Otro criterio importante es buscar similitudes entre los códigos, ya que tal vez hemos podido nombrar de forma diferente dos códigos que aluden exactamente a lo mismo. Esto implicará que nos quedemos con solo uno de ellos y que alojemos a ambos bajo ese único nombre.

- *Identificación de familias semánticas*: cuando hemos hecho la jerarquización y selección de los códigos debemos explorar las relaciones y conexiones que hay entre ellos. Es así como llegamos a la identificación de familias de códigos que nos ayudarán a posteriormente redactar los resultados de la investigación. Tal vez nos hemos quedado con 30 códigos definitivos y sobre ellos podremos identificar, tal vez, 3 o 4 familias con entre 7 y 10 códigos cada una (es un aproximado, ya que no existe una fórmula al respecto). Para esta etapa resulta importante construir mapas visuales que permitan observar con claridad cuáles son las familias que hemos identificado. Esto facilita la posterior redacción de los hallazgos obtenidos en el análisis.
- *Interpretación de resultados*: con el establecimiento de las familias semánticas se facilita el proceso de interpretación de los datos recabados. Si nos fuéramos directamente a la lista de códigos sería mucho más difícil llevarlo a cabo. Para interpretar la información que hemos analizado es importante la contextualización de los resultados en relación con el marco teórico o con los objetivos de la investigación. Esto implica la validación de las interpretaciones a través de discusiones con colegas o participantes.
- *Redacción de los resultados*: para explicitar los resultados obtenidos vamos a construir un relato en el cual desarrollaremos una narrativa basada en las familias semánticas que hemos identificado. Por cada una de las familias iremos redactando un apartado donde usaremos citas de los participantes para respaldar la información.

Lo que te he descrito es bastante breve en relación con la complejidad del análisis cualitativo. Para profundizar en este contenido te dejaré algunos recursos al final de este apartado. Por ahora, te dejo los enlaces de algunos de mis artículos donde he utilizado esta metodología, también te dejo el *link* a mi tesis doctoral, la cual fue 100 % cualitativa:

Perines, H. e Ion G. (2021). How do Prospective Teachers Understand Educational Research? *The Teacher Educator*, *56*(1), 101-116.

https://www.tandfonline.com/doi/full/10.1080/08878730.2020.1846831

Perines H. y Murillo F.J. (2017). Percepciones de los docentes en formación sobre la investigación educativa. *Estudios Pedagógicos*, *43*(1), 251-268.

http://revistas.uach.cl/pdf/estped/v43n1/art15.pdf

Perines, H. (2016). Las difíciles relaciones entre la investigación educativa y la práctica docente. [Tesis de Doctorado, Universidad Autónoma de Madrid].

https://repositorio.uam.es/bitstream/handle/10486/675641/perines_veliz_haylenalejandra.pdf?sequence=1

En la herramienta Atlas ti puedes construir mapas visuales con mediana facilidad. Si no usaras un programa igualmente puedes construir estos mapas visuales con otras herramientas digitales disponibles en la web.

Como ya te he mencionado, existen programas informáticos que facilitan el proceso de análisis cualitativo, aunque no reemplazan el rol de la persona investigadora. A continuación, te menciono algunos de ellos:

Nombre	Observaciones
Atlas ti	Es una herramienta para el análisis cualitativo de grandes corpus de datos de texto, audio, imágenes o video. Los datos pueden ser analizados con la ayuda de códigos y memos y luego pueden ser visualizados a través de mapas conceptuales exportables. Su utilización requiere de la compra de una licencia. También existe una licencia de prueba que tiene ciertas limitaciones en cuanto a la cantidad de información que se puedes analizar. Últimamente ha salido una licencia de prueba sin restricciones funcionales que puedes utilizar durante un máximo de cinco días. https://atlasti.com/es
NVivo	Es un paquete de *software* informático de análisis de datos cualitativos producido por Lumivero. Al igual que Atlas ti su utilización requiere de la compra de una licencia. https://nvivo-spain.com/que-es-nvivo/
MAXQDA	MAXQDA es un *software* utilizado para el análisis cualitativo de datos. Al igual que los otros softwares mencionados, este programa comprende texto, audio, imagen, etc. Además, MAXQDA tiene algunas herramientas para el análisis de datos cuantitativos (por ejemplo, herramientas para métodos mixtos). https://www.maxqda.com/es/

Fuente: Elaboración propia

3.2.1.2.4. Recomendaciones generales de este enfoque

- Como investigador cualitativo debes evitar inducir respuestas y comportamientos de los participantes. También debes lograr que los participantes narren sus experiencias y puntos de vista, sin enjuiciarlos o criticarlos. Los testimonios de todos los individuos son importantes y el trato siempre debe ser respetuoso.
- Se recomienda usar la triangulación. Esta es una técnica que se centra en la utilización de diferentes métodos, técnicas o participantes. Se utiliza para mejorar la validez y la confiabilidad de los hallazgos al combinar diferentes elementos. Por ejemplo, si vas a analizar la cultura escolar de un centro educativo puedes utilizar grupos de discusión, observación y entrevistas. Por otra parte, buscarás distintos participantes como, por ejemplo: parte del profesorado y dcl alumnado, equipo directivo y las familias.
- Es importante que mantengamos la compostura frente a opiniones de los participantes que sean diferentes a las nuestras.
- El investigador cualitativo debe informarse respecto al posible ambiente, lugar o contexto donde se va a interiorizar, por ejemplo, un colegio, una universidad, una asociación, etc.
- El investigador cualitativo debe lidiar con sus emociones: no negarlas, pues son fuentes de datos, pero debe evitar que influyan en los resultados.
- En el caso de usar la técnica de observación es importante saber que la inmersión inicial debe ser realizada con el máximo cautela y respeto ya que no todos los grupos sociales estarán tan dispuestos a ser observados de buenas a primeras. Imagínate que vas a observar un centro educativo con alta vulnerabilidad social donde hay casos delicados de pandillas. Tu primera observación será breve, tratarás de pasar desapercibido e intentarás llevarte una impresión general de lo que has podido observar para posteriormente profundizar en dicho contexto.
- En el caso de las entrevistas es muy importante que el entrevistador genere un clima de confianza en el entrevistado y desarrolle empatía con él. Cada situación es diferente y el entrevistador debe adaptarse. También es indispensable no preguntar de manera ten-

denciosa o induciendo la respuesta. También se sugiere escuchar activamente, pedir ejemplos y hacer una sola pregunta a la vez.

Para profundizar en la metodología cualitativa te recomiendo los capítulos 2, 13, 13, 14, 15 y 16 del libro ya mencionado, cuya referencia completa es la siguiente:

Hernández-Sampieri, R., Fernández-Collado, C., & Baptista-Lucio, M. (2014). *Metodología de la investigación* (6a edición). McGraw-Hill

Hay un libro, cuyo autor fue un querido profesor que tuve en la Universidad de La Serena, que aborda de forma muy interesante todo lo relativo a la metodología cualitativa. La referencia completa es:

Catalán, J. (2021). *Análisis de investigación educacional cualitativa, aprendiendo a usar y generar conocimiento.* Editorial Universidad de La Serena.

También te recomiendo el siguiente capítulo de libro:

Massoi Lafon, I; Dorio Alcaraz, I; y Sabariego Puig, M. (2009). Estrategias de recogida y análisis de la información. En R. Bisquerra (Coord.) *Metodología de la Investigación Educativa.* La Muralla

3.2.1.3. Metodología mixta

La investigación mixta constituye una metodología que busca utilizar tanto métodos cuantitativos como cualitativos en un solo estudio, con el objetivo de abordar de manera completa y enriquecedora los fenómenos de investigación. Este enfoque se fundamenta en la premisa de que la integración de ambos métodos permite obtener una comprensión más exhaustiva, profunda y contextualizada de los fenómenos estudiados, superando las limitaciones inherentes a cada enfoque individualmente (Creswell y Plano, 2017).

Al combinar los métodos cuantitativos con los cualitativos, la investigación mixta permite capturar la complejidad y multidimensionalidad de los fenómenos investigados.

Esta integración puede realizarse de diferentes maneras, como el uso simultáneo de métodos, el diseño secuencial o la combinación de datos en la fase de análisis. Esta combinación estratégica y cuidadosa permite aprovechar las fortalezas de cada enfoque y compensar sus limitaciones, con lo que aumenta la validez, confiabilidad y relevancia de los resultados obtenidos.

Si bien el uso de la metodología mixta ha ido sumando más adeptos, muchos estudios incorporan un único enfoque debido al debido al costo, al tiempo y los conocimientos que requiere emplear una perspectiva mixta. Aún así, la vemos cada vez más presente en las revistas de investigación y en las tesis doctorales.

En el caso de los TFT es menos frecuente encontrarla, pero de todas maneras me ha parecido pertinente incluirle en este libro y entregar algunos lineamientos generales respecto a ella.

3.2.1.3.1. Bondades del uso de la metodología mixta y tipología general de este tipo de estudios

De acuerdo con Hernández-Sampieri *et al.* (2014, pp. 549-550) el uso de la metodología mixta ofrece varias bondades. Algunas de ellas son:

- Lograr una perspectiva más amplia y profunda del fenómeno ya que nuestra percepción se vuelve más integral, completa y holística (Newman *et al.*, 2002). Además, si son empleados dos métodos se incrementa nuestra confianza en que estos son una representación fidedigna de lo que ocurre con el fenómeno estudiado (Todd y Lobeck, 2004).
- A través de una perspectiva mixta, el investigador debe confrontar las discrepancias que pueden surgir entre las distintas concepciones teóricas y, al mismo tiempo, tener en cuenta la vinculación entre los datos que han surgido a través de diferentes métodos.
- Probabilidad de lograr un mayor grado de éxito al exponer los resultados frente a una audiencia que muestra resistencia frente a alguno de los enfoques (Todd y Lobeck, 2004). A modo de ilustración, la aceptación de datos estadísticos por parte de investigadores cualitativos podría aumentar significativamente si se presentan junto con fragmentos de entrevistas.

En la misma línea, debido a que las formas de recolección de datos tanto cualitativos como cuantitativos tienen sus limitaciones, el uso de un diseño mixto puede minimizar algunas de las desventajas de ciertos métodos (Creswell *et al.*, 2008).

Los tipos de estudios mixtos más abordados en la literatura son los siguientes:

1. *Diseños concurrentes*: tanto los datos cualitativos como los cuantitativos se recopilan de manera simultánea y se integran durante el análisis.

2. *Diseños secuenciales*: implican la recopilación y el análisis de datos cualitativos o cuantitativos en una fase inicial, seguidos por la recopilación y análisis del otro tipo de datos en una fase posterior.

3. *Diseños de conversión*: los investigadores recopilan y analizan inicialmente datos cualitativos y cuantitativos de manera independiente. Posteriormente, convergen estos datos en una fase de análisis conjunto.

4. *Diseños de integración*: buscan combinar datos cualitativos y cuantitativos desde el inicio del estudio. Tanto la recopilación como el análisis de datos se realizan de manera integrada. Este enfoque integral permite obtener una visión global y enriquecida del fenómeno investigado al aprovechar las fortalezas de ambas perspectivas.

3.2.1.3.2. Etapas clave de los estudios mixtos

A continuación, abordaremos las etapas clave para llevar a cabo investigaciones mixtas desde la perspectiva de Hernández-Sampieri *et al.* (2014):

1. *Planteamiento de problemas mixtos*: es habitual que surja la pregunta sobre cómo se enmarcan las preguntas de la indagación en un estudio mixto: ¿deben formularse como preguntas cuantitativas y cualitativas separadas o como un conjunto de preguntas más generales que abarcan a ambas? De acuerdo con Creswell y Tashakkori (2007) las posibilidades más claras para formular preguntas en los estudios mixtos son las siguientes:

- Formular preguntas separadas tanto cuantitativas como cualitativas, seguidas de interrogantes explícitas para métodos mixtos (más específicamente, preguntas sobre la naturaleza de la integración). Por ejemplo, en una investigación que involucra la recolección simultánea de datos cuantitativos y cualitativos (concurrente), una pregunta de enfoque mixto podría cuestionar: ¿los resultados y descubrimientos cuantitativos y cualitativos convergen o discrepan?

- Redactar una pregunta mixta y después dividirla en «subpreguntas» cuantitativa(s) y cualitativa(s) separadas para responder a cada rama o fase de la indagación. Por ejemplo, una pregunta de investigación general podría ser: ¿cómo influye la implementación de tecnologías educativas en el rendimiento académico y cómo las perciben los estudiantes de Educación Secundaria? Luego, la subpregunta cualitativa podría ser: ¿cuáles son las percepciones de los estudiantes respecto a la utilización de tecnologías educativas en el aula?; mientras que la subpregunta cuantitativa podría ser: ¿existe una correlación significativa entre el rendimiento académico de los estudiantes en las evaluaciones de las ciencias sociales y la utilización de utilización de tecnologías educativas en el aula?
- Escribir preguntas de investigación para cada fase de la investigación según cómo evolucione el estudio. Si la primera etapa es cuantitativa, el cuestionamiento deberá ser enmarcado como una pregunta cuantitativa y su respuesta tentativa será la hipótesis. Si la segunda etapa es cualitativa, la pregunta será redactada como tal.

2. *Revisión de la literatura*: se debe realizar una revisión exhaustiva y completa de la literatura pertinente para el problema planteado, de la misma forma como se hace con investigaciones cuantitativas y cualitativas. Para ello es necesario incluir referencias cuantitativas, cualitativas y mixtas.

3. *Hipótesis*: en los métodos mixtos, las hipótesis se incluyen en la fase cuantitativa, cuando se busca algún fin confirmatorio o probatorio; y son un producto de la fase cualitativa. En la mayoría de los estudios mixtos, emergen nuevas hipótesis a lo largo de la indagación.

4. *Diseño*: si bien cada estudio mixto implica un diseño propio, es posible identificar modelos generales de diseños que combinan los métodos cuantitativo y cualitativo, y que guían la construcción y el desarrollo del diseño particular (Hernández-Sampieri y Mendoza,

2008). De esta forma, el investigador elige un diseño mixto general y luego desarrolla un diseño específico para su estudio. Para escoger el diseño mixto apropiado es necesario que el investigador responda a las siguientes preguntas:

- ¿Qué clase de datos tienen prioridad: los cuantitativos, los cualitativos o ambos por igual?
- ¿Qué resulta más apropiado para el estudio en particular: recolectar los datos cuantitativos y cualitativos de manera simultánea (al mismo tiempo) o secuencial (un tipo de datos primero y luego el otro)?
- ¿Cuál es el propósito central de la integración de los datos cuantitativos y cualitativos?
- ¿En qué parte del proceso, fase o nivel es más conveniente que se inicie y desarrolle la estrategia mixta? Por ejemplo: desde y/o durante el planteamiento del problema, en el diseño de investigación, recolección de los datos, análisis de los datos, interpretación de resultados o en elaboración del reporte de resultados.

También existen diseños mixtos específicos, los que a continuación se describen brevemente:

- *Diseño exploratorio secuencial (DESPLOX)*: se inicia con la recopilación y análisis de datos cualitativos para explorar y comprender un fenómeno en profundidad. Los resultados cualitativos informan del diseño y la implementación de la fase cuantitativa, que busca validar y generalizar los hallazgos iniciales.
- *Diseño explicativo secuencial (DEXPLIS)*: en una primera etapa se recaban y analizan datos cuantitativos para posteriormente recoger y evaluar datos cualitativos. El proceso mixto ocurre cuando los resultados cuantitativos iniciales informan a la recolección de los datos cualitativos.
- *Diseño transformativo secuencial (DITRAS)*: incluye una fase inicial que puede ser la cuantitativa o la cualitativa, o bien se otorgan a ambas la misma importancia y se comienza por alguna de ellas. Los resultados de las etapas cuantitativa y cualitativa son integrados durante la interpretación. Lo que marca la diferencia con los diseños secuenciales previos es que alguna perspectiva teórica amplia guía el estudio (por ejemplo, feminismo, acción participativa,

etc.). La teoría o marco conceptual se incorpora desde la etapa inicial del planteamiento. El DITRAS tiene como objetivo principal contribuir a la perspectiva teórica del investigador, y, en ambas etapas, es esencial considerar las opiniones y voces de todos los participantes involucrados.

- *Diseño de triangulación concurrente (DITRIAC)*: posiblemente sea el enfoque más utilizado; se emplea cuando el investigador busca validar y respaldar resultados a través de una validación cruzada entre datos cuantitativos y cualitativos. Este método aprovecha las fortalezas de cada enfoque, al mismo tiempo que busca minimizar sus respectivas limitaciones.

5. *Recolección de los datos*: la persona investigadora debe tomar decisiones respecto a los tipos específicos de datos cuantitativos y cualitativos que se recopilarán (aunque en el caso de los datos cualitativos no es posible determinar de antemano la cantidad exacta de casos que se utilizarán). Con el avance de los métodos mixtos y la capacidad actual de compatibilizar programas de análisis cuantitativo y cualitativo (por ejemplo, SPSS y Atlas.ti), es posible codificar muchos de los datos recopilados, permitiendo así su análisis tanto en formato numérico como en formato de texto (Axinn y Pearce, 2006).

6. *Análisis de los datos*: en los métodos mixtos el investigador confía en los procedimientos estandarizados cuantitativos (estadística descriptiva e inferencial) y cualitativos (codificación), además de análisis combinados.

7. *Resultados e inferencias*: habitualmente se cuenta con tres tipos de inferencias; las propiamente cuantitativas, las cualitativas y las mixtas, a estas últimas se les denomina metainferencias. El informe final (o tesis o artículo según sea el caso) puede presentar primero las de cada método y luego las conjuntas; o bien presentar las tres clases de inferencias por áreas de resultados. En el contexto de los diseños concurrentes, el investigador tiene la flexibilidad de presentar primero los resultados cuantitativos o cualitativos, según

su propio criterio. En los diseños secuenciales y de conversión, generalmente, las inferencias se presentan siguiendo el orden establecido durante la investigación. Por ejemplo, si la primera etapa fue cuantitativa, sus inferencias se muestran en primer lugar. En el segundo caso, donde se organizan por áreas, el orden puede basarse en la pregunta de investigación u en otro criterio seleccionado por las personas investigadoras.

3.2.1.3.3. Recomendaciones generales de este enfoque

Hernández-Sampieri *et al.* (2014) realizan las siguientes recomendaciones para abordar este enfoque, especialmente en el reporte o informe final (p. 592):

- El reporte debe abarcar tanto la investigación cuantitativa como la cualitativa, es decir, tienen que incluirse ambas aproximaciones en la recolección, análisis e integración de datos, así como las inferencias derivadas de los resultados (Creswell y Tashakkori, 2007).

- El reporte o informe debe incluir los procedimientos de validación cuantitativos, cualitativos y mixtos (triangulación, amenazas a la validez interna, chequeo con participantes, etcétera).

- Los estudios mixtos son mucho más que reportar dos «ramas» de la indagación (cuantitativa y cualitativa), deben vincularlas y conectarlas analíticamente. La expectativa es que al final del proceso las conclusiones obtenidas de ambos métodos sean integradas para proveer de una mayor comprensión del problema (Creswell y Tashakkori, 2007).

Lo que se ha presentado en este apartado sobre la metodología mixta es somero y breve. Sobre este enfoque hay mucha más información que deberías tener en cuenta en el caso de que te interese seguir sus lineamientos en tu Trabajo de Fin de Título.

Para profundizar en este contenido te recomiendo los capítulos 17 y 18 del mismo libro de Hernández-Sampieri *et al.*, (2014) que mencioné en el apartado anterior.

También te recomiendo los siguientes libros:

Guzmán Arredondo, A. (2015*). El enfoque de métodos mixtos. Una nueva metodología en la investigación educativa.* Idea Editorial.

Romero, M.Á.M., Tiza, D.R.H., Murillo, J.P.M., Cervantez, D.O.O., & Ordóñez, G.I. (2023). *Método mixto de investigación: Cuantitativo y cualitativo.* Instituto Universitario de Innovación Ciencia y Tecnología Inudi Perú

3.2.2. La metodología de un proyecto de intervención

La metodología de un proyecto de intervención educativa implica adoptar un enfoque práctico y orientado a la acción para abordar y mejorar aspectos específicos del proceso educativo. A continuación, te indico las etapas generales que puedes tener en cuenta para su elaboración:

- *Identificación de la necesidad o problema*: la primera etapa implica identificar el área o situación que necesita ser intervenida y también analizar datos, realizar evaluaciones y recopilar información relevante para comprender la naturaleza del problema. Por ejemplo, en un centro educativo de Educación Primaria el profesorado ha observado que muy pocos niños visitan la biblioteca escolar a pesar de que esta cuenta con muchísimos libros y que además dispone de recursos interactivos y digitales bastante llamativos.

- *Definición de objetivos de la intervención*: el apartado de los objetivos fue abordado en el punto 3.1. No olvidemos que deben ser objetivos claros y que describan los resultados deseados de la intervención. Un objetivo general para el ejemplo anterior puede ser: incrementar la participación y el interés de los estudiantes en el uso de la biblioteca escolar, con el fin de fomentar hábitos de lectura y enriquecer el proceso educativo en el centro.

- *Diseño de la intervención*: esta etapa implica seleccionar estrategias y actividades de intervención que estén alineadas con los objetivos. Se debe planificar el alcance, la duración y los recursos necesarios para la intervención y se debe considerar la participación de los agentes educativos involucrados, como profesorado, estudiantado, familias y miembros de la comunidad. Se deben tomar decisiones respecto a qué actividades se llevarán a cabo y a cómo se van a implementar. Una actividad que se puede planificar y ejecutar de acuerdo con el ejemplo anterior podría ser organizar la semana de la lectura en el centro, la cual incluirá una serie de actividades didácticas y llamativas para el estudiantado. Esto implicará la difusión de la actividad y la distribución de las tareas entre las personas que van a participar. También hay que definir qué recursos se van a necesitar, por ejemplo: una persona que cuente cuentos, afiches para la difusión en formato digital, una persona o colectivo que haga un espectáculo de títeres para los más pequeños, etc.

- *Implementación de la intervención*: luego debemos ejecutar las actividades planificadas según el diseño de la intervención, lo que incluye monitorear y ajustar la implementación y fomentar la participación y retroalimentación de los participantes. De acuerdo con el ejemplo anterior se pondrían en marcha las actividades programadas para incrementar la participación y el interés de los estudiantes en el uso de la biblioteca escolar.

- *Evaluación de la intervención*: todo proyecto de intervención requiere ser evaluado. Se pueden realizar evaluaciones periódicas durante la intervención para medir el progreso de los objetivos y también al final. Esta última es la más habitual. La evaluación implicará recoger información a través de determinados instrumentos, tal como se mencionó en el capítulo 1. En el caso del ejemplo utilizado se pueden recoger opiniones sobre las actividades realizadas a través de entrevistas o encuestas. También se puede medir la cantidad de personas que han ido a la biblioteca antes y después de la implementación del proyecto, etc.

Algo importante de mencionar en este apartado es que dentro de las actividades se pueden utilizar distintas metodologías. Es habitual que quienes escriben un TFT opten en este punto por el uso de metodologías activas, debido al auge que han tenido en el último tiempo. Las metodologías activas comprenden aquellos métodos, técnicas y estrategias empleadas por el profesor con el propósito de transformar el proceso de enseñanza en actividades que estimulen la participación del estudiante (Labrador y Andreu, 2008). Este enfoque sostiene que el estudiante debe dejar de ser un mero espectador del proceso de aprendizaje y que debe convertirse en su protagonista.

Algunos ejemplos de las metodologías activas son el Aprendizaje Basado en Investigación (ABI), el Aprendizaje Basado en Proyectos (ABP), Aprendizaje Basado en Problemas (ABP), Aprendizaje-Servicio (APS), Aprendizaje Cooperativo, Clase Invertida (*Flipped Classroom*), etc.

3.2.3. La metodología de una revisión sistemática

De acuerdo con el protocolo PRISMA la metodología de una revisión sistemática implica tres etapas: (1) fase de planificación; (2) fase de realización; y (3) fase del informe (Page *et al*., 2021). Abordaremos brevemente las dos primeras apoyándonos en el trabajo de Zubillaga-Olague y Cañadas (2023) (la tercera se desarrolla en el apartado 3.3):

1. *Fase de planificación*: antes de realizar una revisión sistemática hay que plantearse por qué y para qué realizarla, y asegurarse de que no existen revisiones sistemáticas previas que sean exactamente igual a la que estamos pensando llevar a cabo. Para ello debemos especificar el objeto de estudio y los objetivos de investigación. Una vez que estos estén definidos deberemos definir el protocolo para la realización de la revisión. En esta etapa debemos definir los *criterios de elegibilidad* que permitirán filtrar qué artículos vamos a incluir o excluir. Estos filtros están relacionados con los objetivos propuestos, la temática de estudio investigada, con los participantes o muestra de estudio, tipos de estudio, año de publicación; idioma de publicación, etc. Por ejemplo, vamos a suponer que nuestro objetivo general es realizar una revisión de la literatura en torno las estrategias de prevención e intervención en situaciones de acoso escolar en Educación Secundaria en el periodo comprendido entre los años 2019-2023 en las bases de datos de Web of Science y Scopus. Al leer el objetivo ya quedan claros algunos criterios de elegibilidad, como serán los años 2019-2023, la temática (estrategias de prevención e intervención en situaciones de *bullying* escolar) y las bases de datos que se van a consultar (Web of Science y Scopus).

Posteriormente se deben definir los *términos de búsqueda* que se van a incluir. Estos términos se pueden entender como los descriptores o conceptos clave de la investigación. Por ejemplo, de acuerdo con el objetivo planteado anteriormente, algunos términos de búsqueda podrían ser: acoso escolar, prevención del acoso escolar, intervención en el acoso escolar, Educación Secundaria, etc. (*bullying, prevention of bullying, intervention in bullying, Secondary Education*).

Se recomienda que estos términos se utilicen en inglés dentro de las bases de datos. Tal como se mencionó en el capítulo 2 se sugiere el uso del inglés porque es el idioma dominante en la literatura científica y académica a nivel mundial. Al buscar en inglés se amplía significativamente la cantidad de literatura a la que se puede acceder, con lo que se mejora la cobertura y la exhaustividad de la revisión. Por otra parte, muchas de las bases de datos académicas más ampliamente utilizadas, como Web of Science, Scopus y PubMed, están predominantemente en inglés. Al buscar en este idioma, se aprovechan las herramientas y recursos disponibles en estas plataformas que facilitan la búsqueda y la gestión de referencias.

Luego se deben seleccionar y justificar las bases de datos que se van a utilizar para la búsqueda de los estudios. Se recomienda buscar, al menos, en dos bases de datos. Las más utilizadas son las siguientes:

Web of Science: desarrollada por Clarivate Analytics, Web of Science es una herramienta en línea utilizada por investigadores, académicos y profesionales para realizar búsquedas bibliográficas, rastrear citas, evaluar la producción científica y acceder a la literatura académica de diversas disciplinas:
https://www.webofscience.com/wos/alldb/basic-search

Scopus: desarrollada por Elsevier, Scopus es una base de datos bibliográfica y una herramienta de análisis de la investigación que proporciona acceso a una amplia gama de literatura académica y

científica. Al igual que Web of Science se utiliza ampliamente en el ámbito académico y de la investigación para realizar búsquedas, evaluar la producción científica, rastrear citas y obtener información sobre la actividad investigadora:
https://www.scopus.com/search/form.uri?display=basic#basic

ERIC: ERIC (Educational Resources Information Center) es una base de datos bibliográfica que se centra en la investigación en el ámbito de la educación. ERIC es financiada por el Instituto de Ciencias de la Educación (*IES*, por sus siglas en inglés) del Departamento de Educación de los Estados Unidos y proporciona acceso a una amplia gama de recursos relacionados con la educación, incluyendo artículos de revistas, informes de investigación, conferencias y otros materiales:
https://eric.ed.gov/?q=

También es habitual que se utilice Google Scholar (https://scholar.google.com/), sin embargo, este motor de búsqueda especializado reúne todo tipo de publicaciones sin basarse en mayores índices de calidad. Si bien esta herramienta muestra la cantidad de citas de los trabajos, arroja resultados provenientes de todo tipo de revistas, lo que incluye las que no están indexadas. Recordemos que la indexación implica que la revista y sus artículos han sido evaluados y considerados por la calidad y relevancia.

Si bien les he proporcionado los enlaces para ingresar a estas herramientas, lo cierto es que las bibliotecas de las universidades ofrecen acceso *online* a cada una de ellas, lo cual resulta favorable para realizar las búsquedas no solo para revisiones sistemáticas, sino para todo tipo de investigación o actividad académica.

Posteriormente es necesario precisar los *términos de búsqueda*, los cuales están relaciones con los criterios de legibilidad mencionados anteriormente. Estos términos permitan acotar y facilitar la búsqueda en las bases de datos (Page *et al.*, 2021; Sánchez-Meca, 2010). Algunos de estos filtros pueden ser, por ejemplo:

- Tipología de documento: artículos, libros, capítulos de libro, actas de congreso, comunicaciones, papers, tesis, etc. De acuerdo con el ejemplo que hemos utilizado anteriormente puede ser posible que nos interesen los artículos de investigación y que dejemos fuera otro tipo de textos.
- Idioma: para el ejemplo que estamos utilizando seleccionaremos inglés y español. Si bien la búsqueda la haremos en inglés, prácticamente todas las revistas de habla hispana exigen resumen y palabras clave en inglés, por lo tanto, es posible que encontremos resultados en español que podrían ser relevantes para el estudio.
- Tipología de investigación (cuantitativa, cualitativa o mixta): esto es importante de definir en caso de seleccionar artículos empíricos. En nuestro ejemplo hemos seleccionado la tipología de artículos ya sean empíricos o teóricos, y dentro de los empíricos nos interesan tanto los cuantitativos, los cualitativos y los mixtos.
- Año de publicación: se recomienda establecer un rango de entre los últimos 5 o 10 años previos a la realización de la búsqueda. En el ejemplo del acoso escolar nos quedaremos con los últimos cinco años.
- Campo o ámbito de investigación: educación, ciencias de la salud, ciencias sociales, pedagogía, psicología, etc. En nuestro caso el campo de investigación es la educación.
- Características de documento: si pinchamos la opción de «texto completo» se facilita la lectura posterior del texto para realizar el análisis respectivo.

2. *Fase de realización*: en esta etapa el primer paso corresponde a la *búsqueda e identificación de estudios*. Para ello debes acceder a las bases de datos que has decidido utilizar y aplicar los filtros de búsqueda acordes a los criterios de inclusión establecidos (Dhillon, 2022). Existen tutoriales que resultan de utilidad para aprender a realizar búsquedas en las diferentes bases de datos. La Universidad Autónoma de Madrid ofrece algunos muy interesantes en su página web. Algunos de ellos son:

Web of Science: https://biblioguias.uam.es/tutoriales/WOS/busqueda_avanzada
Scopus: https://biblioguias.uam.es/tutoriales/scopus/busqueda/avanzada
ERIC: https://biblioguias.uam.es/tutoriales/eric/busquedas
Google Scholar: https://biblioguias.uam.es/tutoriales/google_academico/busquedas

Algo importante dentro del ámbito de las revisiones sistemáticas es que se sugiere hacer una revisión por pares a la hora de realizar la revisión y la estrategia de búsqueda (Dhillon, 2022; Sánchez-Serrano, *et al.* 2022). Si la búsqueda la realiza más de una persona y a través de los mismos criterios y parámetros, se pueden comparar los resultados y extraer la información de manera más precisa y se evitan sesgos.

Para realizar la búsqueda de los documentos debes aplicar los filtros que has definido y crear la relación canónica entre los conceptos clave empleando los nexos de búsqueda. Debemos escribir los conceptos clave en el cuadro de búsqueda de la base de datos correspondiente. Para ello nos vamos a apoyar en las operaciones canónicas (también llamadas términos boleanos) para combinar los términos de forma adecuada. Los operadores boleanos fueron explicados en el capítulo 2 de este libro. Recordemos que los más utilizados son AND, OR Y NOT. El AND sirve para encontrar documentos que contengan todos los términos que has introducido en la búsqueda. OR es de utilidad para encontrar documentos que contengan al menos uno de los términos de búsqueda. NOT sirve para excluir documentos que contengan determinadas palabras en la búsqueda. También se debe tener en cuenta el uso de los paréntesis para agrupar expresiones compuestas. En el caso de buscar frases exactas o términos concretos escribe las frases entre comillas. Para profundizar en este contenido te recomiendo volver al punto 2.2 de este libro.
También te dejo un *link* donde encontrarás un trabajo que te puede ser de utilidad: https://core.ac.uk/download/pdf/235855195.pdf

Una posible estrategia de búsqueda para el objetivo que estamos utilizando como ejemplo podría ser la siguiente:

(bullying OR school bullying) AND (prevention OR intervention) AND ("Secondary Education" OR "High School" OR "Middle School")

Una vez que ya se ha hecho la búsqueda dentro de las bases de datos debes recopilar todos los estudios que han aparecido. Se recomienda crear un registro de los resultados de la búsqueda para lo cual puedes usar, por ejemplo, un documento de Microsoft Excel. En este agruparás los documentos dejando registro del título y de la base de datos donde ha sido ubicada (Dhillon, 2022; Page *et al*., 2021). Luego, con la opción de filtrar por repetición podrás identificar los documentos duplicados, o sea, que aparecen en más de una base datos, pero que nos interesan como uno solo.

Una vez que se dispone del total de artículos se debe revisar el título y el resumen (Gülpinar y Güçal-Güçlü, 2013) sobre lo cual se aplicarán los criterios de inclusión que se han definido previamente. Cuando se descarta un artículo se debe registrar el porqué de esa decisión (Sánchez-Serrano *et al*., 2022). Tras esta primera selección de artículos se realiza la revisión del texto completo (Page *et al*., 2021).

También existen herramientas de Inteligencia Artificial que podrían ser de utilidad para las etapas que te acabo de describir. Una de ellas es Rayyan, la cual tiene una versión gratuita y otra de pago que extiende las funcionalidades (https://www.rayyan.ai/). Lo que hace Rayyan es que te facilita el almacenamiento de los documentos que arroja la búsqueda en las bases de datos, te permite exportar las búsquedas desde las bases de datos y luego te permite pinchar la opción de «incluir» o «excluir». En ambos casos puedes dejar un motivo o una etiqueta. Esta herramienta también identifica los documentos duplicados. Asimismo, te permite realizar la inclusión o exclusión de forma anónima para luego comparar las decisiones de cada uno de los integrantes del equipo investigador, lo cual ayuda a disminuir los sesgos a la hora de elegir los documentos definitivos.

Una vez que se revisa el texto completo de los documentos que han pasado el filtro (del título y resumen) se evalúa la calidad de cada documento según los parámetros ya definidos. Las personas investigadoras serán quienes determinen el número de documentos elegidos para la fase final (Sánchez-Serrano *et al.*, 2022). Con los documentos que se han seleccionado de forma definitiva se llevará a cabo el proceso de revisión sistemática que formará parte de los resultados de la investigación. Estos serán abordados en el siguiente apartado.

3.3. La redacción de los resultados en las distintas modalidades

Los resultados de un *TFT de modalidad investigación* se deben exponer por medio de una estructura rigurosa y precisa. Al principio se puede hacer una breve introducción donde se reiteren los objetivos de la investigación y se establezca una conexión entre las preguntas de investigación y los datos analizados.

Para presentar los resultados cuantitativos utiliza gráficos, tablas y estadísticas descriptivas. Recuerda indicar adecuadamente los títulos y notas de estos elementos para propiciar una comprensión clara de la información. Para cada gráfico o tabla escribe una breve descripción, ya que a veces los estudiantes ponen los datos estadísticos «sueltos», lo que puede generar confusión.

Te dejo este artículo de enfoque cuantitativo para que observes cómo se han expuesto los resultados:

Bozu, Z., Calduch, I., & Rubio Hurtado, M. J. (2024). El Trabajo de Investigación de Bachillerato: Perspectiva del estudiantado sobre el desarrollo de competencias y actitudes hacia la investigación. *Revista de Investigación Educativa*, *42*(1), 203–222.

https://revistas.um.es/rie/article/view/548161/356211

En el caso de los resultados cualitativos debes presentar citas textuales de los participantes que ilustren patrones, temas o hallazgos clave. Organiza la información de manera temática para facilitar la comprensión. Puedes guiarte por los mapas conceptuales que abordamos en este mismo capítulo y puedes presentar los resultados de acuerdo con las familias semánticas que identificaste en el análisis.

Cuidado con usar citas descontextualizadas o muy extensas; lo más importante será tu relato como persona investigadora, y las citas solo son un apoyo frente a lo que tú estás describiendo.

Te dejo este artículo de enfoque cualitativo para que observes cómo se han expuesto los resultados:

Jiménez-Cortés, R., & Hermoso Soto, A. E. (2024). Competencias profesionales para una atención efectiva y de calidad a menores expuestos/as a violencia de género. *Revista de Investigación Educativa*, *42*(1), 165–182:

https://revistas.um.es/rie/article/view/547061/356181

Los resultados de un TFT modalidad proyecto de investigación que sí ha sido implementado deberían seguir la lógica de los objetivos propuestos. Por cada objetivo se deberían redactar los resultados que se obtuvieron. Otra forma de exponer los resultados puede ser en relación con cada una de las actividades que llevaron a cabo en coherencia con los instrumentos de evaluación que has utilizado para medir la efectividad de la propuesta.

Por ejemplo, vamos a suponer que nuestro proyecto de intervención está centrado en la mejora de la lectoescritura de los estudiantes de segundo año de Educación Primaria de un contexto vulnerable:

Actividad 1: «Día del libro entretenido». En esta actividad los estudiantes y sus familias van a disfrutar de un día lleno de actividades didácticas relacionadas con la lectura. Por la mañana habrá un *show* de títeres y luego habrá un cuentacuentos. Por la tarde habrá un momento de expresión literaria libre a través de versos, rimas y canciones y al final de la jornada el profesorado presentará una breve obra de teatro.

Al final de la jornada se utilizará dos instrumentos, el primero será una pauta de observación mediante la cual se tomarán notas respecto a la recepción, asistencia y participación en cada una de las actividades. El segundo será una encuesta que se enviará a las familias de forma digital y tendrá como propósito recoger las impresiones de la actividad y las sugerencias de mejora respecto a ella.

Desde esta lógica la exposición de los resultados debería ir en relación con el análisis de los datos que se recogieron por medio de los instrumentos mencionados anteriormente. Por ejemplo, en este caso podría ser:

La pauta de observación reveló una alta participación y entusiasmo por parte de los estudiantes y sus familias durante las actividades didácticas. La mayoría de los asistentes se mostraron comprometidos y participa-

ron activamente en el show de títeres, cuentacuentos y expresión literaria libre.

Los resultados de la encuesta digital indicaron un feedback general positivo. La mayoría de las familias expresaron su satisfacción con la actividad, destacando el valor educativo de las diferentes propuestas. Además, proporcionaron comentarios elogiosos sobre la diversidad de las actividades y la organización del evento.

Algunas familias expresaron el deseo de incorporar actividades interactivas adicionales, mientras que otras sugirieron ajustes en los horarios para adaptarse mejor a las preferencias de participación.

Los resultados de un *TFT modalidad revisión sistemática* implica la presentación del análisis detallado de los estudios que se han elegido de forma definitiva (Dhillon, 2022). Todo el proceso realizado en las 4 fases previas se debe plasmar de forma gráfica en un diagrama de flujo; para ello se sugiere emplear la plantilla facilitada por el protocolo PRISMA (2020), que puedes encontrar en los recursos y artículos que te he compartido sobre el tema.

Una vez que se ha registrado en el diagrama el proceso de cada artículo seleccionado se llevará a cabo el análisis de cada uno de ellos de acuerdo con los objetivos de investigación y con criterios de elegibilidad determinados (Dhillon, 2022). Es aconsejable diseñar y emplear una plantilla para el análisis de datos para facilitar la sistematización y comparación de los estudios seleccionados, por ejemplo, a través de Microsoft Excel. En la plantilla se pueden registrar aspectos metodológicos de los artículos (objetivos, tipo de metodología, instrumentos), variables sustantivas (año de publicación, país o ciudad donde se desarrolla, etapa educativa en la cual se centra) y los resultados que cada trabajo ha obtenido.

En la presentación de los resultados de una revisión sistemática se abordan desde el ítem 16 hasta el 22 de la lista de verificación de PRISMA. Esto implica las siguientes etapas:

Selección de estudios (Ítem 16); Características de los estudios (Ítem 17); Mitigar el sesgo de los estudios individuales (Ítem 18):

> Acá se debe mencionar el número final de estudios seleccionados para realizar la revisión sistemática y explicitar las características específicas de cada uno de ellos. Es importante que en este apartado se especifique y argumente si ha habido algún estudio que cumplía

los criterios de inclusión, pero finalmente no ha sido incluido por alguna otra razón (Page *et al.*, 2021; Sánchez-Serrano *et al.*, 2022).

Posteriormente viene la *Obtención de resultados individuales (Ítem 19); Síntesis de los resultados (Ítem 20) y Sesgos de publicación (Ítem 21) y Certeza de las evidencias (Ítem 20):*

> Acá se analizan los estudios incluidos en función de unas categorías de análisis predeterminadas, vinculadas a los criterios de inclusión y se presentan los resultados clasificados en función de estas. Así se indica qué estudio hace referencia o se incluye en cada una de las categorías, las ideas o argumentos principales que se comparten, cuántos estudios coinciden o analizan esa variable, etc. (Zubillaga-Olague y Cañadas, 2023, p. 23).

El análisis de la información requiere que se haga una lectura crítica de los textos seleccionados. Asimismo, se sugiere que se realicen las siguientes acciones:

Identificación de patrones y tendencias: busca patrones emergentes o tendencias en la literatura. ¿Hay consistencia en los hallazgos entre los estudios? ¿Existen discrepancias o áreas de debate?

Evaluación de la calidad de los estudios: evalúa la calidad metodológica de los estudios incluidos en tu revisión. Utiliza herramientas como escalas de calidad o listas de verificación específicas para tu campo si es necesario. Esto te permitirá discernir entre estudios de alta calidad y aquellos con limitaciones metodológicas.

Comparación y contraste: compara y contrasta los estudios incluidos. Examina las diferencias y similitudes en términos de población, metodología, resultados y conclusiones. Esto te ayudará a identificar patrones y a contextualizar la información de manera más efectiva.

Un ejemplo sería el siguiente:

> En respuesta a la pregunta 5 sobre las peculiaridades de las herramientas empleadas para evaluar la CDD (competencia digital docente), respecto a los tipos de herramientas y técnicas de recogida de información que se utilizan, se encontró que en el 89.39 % de los estudios fue un cuestionario de autopercepción de la CDD. Tres estudios utilizaron un enfoque mixto, combinando el cuestionario con los grupos de discusión (Llopis Nevot *et al.*, 2021; Ruiz Cabezas *et al.*, 2020) y también con las entrevistas, el análisis docu-

mental y la observación sistemática (Prieto-Ballester *et al.*, 2021). Dos estudios cualitativos utilizan la entrevista (Suárez Guerrero *et al.*, 2021) y en uno de ellos además realizaron grupos de discusión (Sales *et al.*, 2020). Por otra parte, se han encontrado estudios que evalúan la CDD con una rúbrica (Marcano *et al.*, 2020) o con una plataforma en la que el profesorado obtiene el resultado de la autoevaluación, y en función de este se le proponen actividades formativas (Viñoles-Cosentino *et al.*, 2021). Existen estudios como el de Tomczyk *et al.* (2021), en el que combinan herramientas que miden la CDD a través de la autopercepción con pruebas competenciales que permiten contrastar el nivel real adquirido (García-Ruiz, *et al.*, 2023, p. 282)

Es importante mencionar que el protocolo PRISMA incluye unos ítems [24-27] sobre información adicional que se debe mencionar (Page *et al.*, 2021; Sánchez-Serrano *et al.*, 2022):

- Registro y protocolo de seguridad (Ítem 24): si se registra la revisión sistemática, deberemos incluir el número de registro y el protocolo empleado para ello. En el caso de no registrarla no es necesario aportar información sobre este punto.
- Financiación (Ítem 25): si la revisión sistemática ha sido financiada por cualquier proyecto u organismo, se debe mencionar y detallar.
- Conflicto de interés de los autores/as (Ítem 26): si hay algún tipo de interés especial por parte de las personas investigadoras, este debe mencionarse.
- Disponibilidad de datos, códigos y otros materiales (Ítem 27): se debe explicar el acceso a los datos empleados para el estudio y ofrecer a información sobre la extracción de datos.

El apartado de discusión de presentará en el siguiente apartado, correspondiente a las conclusiones de cada una de las modalidades de TFT abordadas en este libro.

3.4. La elaboración de las conclusiones en las distintas modalidades

Las conclusiones suelen suponer un estrés para las personas que están realizando un trabajo de esta naturaleza. Es habitual que se sientan confundidos y que no sepan qué escribir en este apartado. En mi experiencia como directora de TFT intento orientar al máximo a mi alumnado para que en esta parte cuente con una estructura en la cual apoyarse y puedan dejar atrás aquellas conclusiones propias de la época escolar donde escribíamos escuetamente algo como «hemos aprendido mucho en este trabajo».

A continuación, te entrego una sugerencia para que estructures este apartado. Describiré cada elemento de forma general y realizaré algunas precisiones para cada una de las modalidades de TFT abordadas en este capítulo:

1. *Síntesis de los resultados*: en primer lugar, te recomiendo que hagas un breve resumen de los hallazgos de tu TFT. En las tres modalidades te aconsejo que menciones los resultados obtenidos en función de los objetivos planteados. De esta maneta quedará claro para los lectores el cumplimiento total o parcial de dichos objetivos.
   En el caso de un proyecto de intervención puede suceder que este haya quedado en el plano teórico y que no haya podido ser ejecutado. En esos casos deberías mencionar los resultados esperados, aquellos que te gustaría lograr.

2. *Discusión*: algunas personas investigadoras sostienen que la discusión puede tener suficiente autonomía y constituir un elemento aparte de las conclusiones. En este caso la hemos incluido dentro de todo el conjunto porque creo que para estar de forma independiente debe ser muy consistente, profunda y extensa, lo cual se dará principalmente en una tesis doctoral y no necesariamente en un TFT de grado y de máster. De todas maneras, esto constituye una sugerencia y no una imposición, por lo que cada autor puede tomar la decisión que estime conveniente.
   La discusión implica hacer dialogar tus resultados con los que han alcanzado otras personas en trabajos anteriores. Los hallazgos de otros autores estarán consignados en tu marco teórico y es allí a donde debes recurrir para escribir este apartado.
   El diálogo entre tus resultados y los que han logrado los trabajos anteriores implicará buscar similitudes y diferencias entre ellos. También puedes comentar resultados tuyos que no habían sido descubiertos anteriormente.

Cabe mencionar que en el caso de proyectos de intervención que no han sido implementados este apartado carecería de sustento y no sería recomendado llevarlo a cabo.
A continuación, te muestro ejemplos de algunos de los párrafos de una discusión propia de una investigación, todos extraídos de mi tesis doctoral (Perines, 2016):

> En términos generales, vemos coincidencias entre este estudio y los trabajos previos de Everton *et al.* (2000), de McDonald *et al.* (2001), de Beycioglu *et al.* (2010), de Kutlay (2013) o de Lysenko *et al.* (2014) donde se encontró que para los docentes no universitarios la investigación es un saber teórico y alejado de la realidad de las aulas (p. 215).
>
> Entre estos hallazgos tan lapidarios encontramos una investigación que proporciona resultados más alentadores; nos referimos al estudio de Beycioglu *et al.* (2010), donde los profesores valoran positivamente la investigación. En nuestro trabajo esta mirada más positiva no forma parte de la generalidad de los profesores, sin embargo, sí la encontramos en algunos de ellos, para quienes la investigación es una herramienta de vital importancia en la actualización de los saberes y en la mirada más objetiva que se debe adoptar al analizar las problemáticas educativas (p. 216).
>
> (...) una diferencia similar se aprecia en la imagen que se tiene del investigador. Los estudiantes de Magisterio son muy generosos con sus comentarios hacia estos profesionales, en cambio, los hallazgos de investigaciones anteriores nos hablan de una visión crítica sobre los mismos, donde predomina la idea de que son personas lejanas al contexto real de los centros escolares (Gitlin *et al.*, 1999) (p. 217).

Si bien estos ejemplos han sido extraídos de un trabajo de investigación, en los proyectos de intervención que han sido implementados puedes seguir la misma lógica.

En el caso de las revisiones sistemáticas este apartado abarca todo el ítem de conclusiones. De acuerdo con Zubillaga-Olague y Cañadas (2023, p. 24) para su redacción se debe considerar el ítem 23 del protocolo PRISMA:

> La discusión debe presentar los principales hallazgos de la revisión sistemática en relación con el objetivo de investigación y el estado actual de la cuestión de la temática investigada (Page *et al*., 2021; Sánchez-Serrano, Pedraza-Navarro y Donos-González, 2022). De este modo, ofreceremos una perspectiva general de los resultados dentro de un marco referencial y aportamos información sobre qué aportes o beneficios tiene la revisión sistemática propuesta para la comunidad científica. Además, se deberán incluir las limitaciones, fortalezas y prospectiva (Page *et al*., 2021; Sánchez-Serrano, Pedraza-Navarro y Donos-González, 2022).

3. *Limitaciones*: es importante que transparentes las restricciones y debilidades que puedan afectar la validez, generalización o interpretación de tus resultados. Es crucial reconocer estas limitaciones para que los lectores comprendan la naturaleza y alcance de tu trabajo. En el caso de un trabajo de investigación puede haber limitaciones en relación con el tamaño de la muestra, el tipo de muestreo utilizado, el diseño o con otros asuntos metodológicos. Por ejemplo:

   Es importante mencionar que este estudio tiene ciertas limitaciones. La muestra se limitó a estudiantes de una única institución educativa, lo que podría afectar la generalización de los resultados a otras poblaciones. Además, la duración del estudio fue de tres meses, lo que podría limitar la capacidad para observar cambios a largo plazo.

   En el caso de un proyecto de intervención las limitaciones pueden estar relacionadas con haber implementado solo una parte del proyecto, con los participantes, con las limitaciones de tiempo, de recursos, etc. Otras limitaciones pueden estar relacionadas con factores no controlados como cambios en la administración del centro o eventos inesperados dentro del calendario académico. Un ejemplo sería el siguiente:

   La participación de los estudiantes y docentes en la intervención fue voluntaria. Esto podría introducir sesgos en los resultados, ya que aquellos que optaron por participar podrían tener características distintas a aquellos que no lo hicieron. Por otra parte, las restricciones presupuestarias limitaron la disponibilidad de algunos recursos necesarios para ejecutar las actividades planificadas. Esto podría haber afectado la implementación completa de la intervención y, por ende, sus resultados.

4. *Futuras líneas de acción*: están relacionadas con las limitaciones, ya que, idealmente, deberías ser capaz de sugerir futuras líneas para subsanar las limitaciones que has mencionado. Un camino para redactar las futuras líneas es juntarlas con las limitaciones. En el caso de uno de los ejemplos mencionados anteriormente diríamos lo siguiente:
   Es importante mencionar que este estudio tiene ciertas limitaciones. La muestra se limitó a estudiantes de una única institución educativa, lo que podría afectar la generalización de los resultados a otras poblaciones. Además, la duración del estudio fue de tres meses, lo que podría limitar la capacidad para observar cambios a largo plazo. Estas limitaciones deben considerarse al interpretar los resultados y podrían ser abordadas en investigaciones futuras mediante la expansión de la muestra y la implementación de diseños longitudinales más extensos.
   En el caso del ejemplo de un proyecto de intervención podríamos decir lo siguiente:
   La participación de los estudiantes y docentes en la intervención fue voluntaria. Esto podría introducir sesgos en los resultados, ya que aquellos que optaron por participar podrían tener características distintas a aquellos que no lo hicieron. Por otra parte, las restricciones presupuestarias limitaron la disponibilidad de algunos recursos necesarios para ejecutar las actividades planificadas. Esto podría haber afectado la implementación completa de la intervención y, por ende, sus resultados. En el futuro se podría postular a financiamientos externos disponibles actualmente que no restrinjan el acceso a los recursos. También se puede optimizar la planificación de las actividades para fomentar una mayor participación.

Algunas conclusiones finalizan con una reflexión final por parte de los autores, lo cual no es una mala idea siempre y cuando sea una reflexión pertinente y no solo un párrafo para «rellenar» sin entregar nada interesante a los lectores.

Si optas por la inclusión de un párrafo reflexivo te recomiendo que en él realices alguna sugerencia o incluso alguna crítica a partir de los resultados que has obtenido. También puedes esbozar ideas para seguir profundizando en tu objeto de estudio. Un ejemplo de este tipo de párrafos es el siguiente:

Se espera que el presente trabajo sirva de referencia a las instituciones educativas y políticas, como ya se empieza a ver en algunas universidades españolas que están mejorando la implicación y competencia en investigación educativa de sus estudiantes y docentes. Estas dificultades y propuestas podrían servir como posibles lineamientos a la hora de diseñar intervenciones prácticas y políticas relacionadas con la investigación educativa dentro de sus planes institucionales (Galindo-Domínguez *et al.* 2022).

CAPÍTULO 4.
Errores frecuentes en este tipo de trabajos

Este capítulo se centra en los típicos errores que cometen las personas que están realizando un Trabajo de Fin de Título. Seguro que hay más, los que menciono son los que considero como los más importantes y habituales de encontrar desde mi experiencia como directora de TFT y como asesora metodológica de tesis.

4.1. Títulos inadecuados

El título de un trabajo es evidentemente lo primero que se lee, por lo que es importante escribirlo de forma llamativa y a la vez concisa. El título debe permitirnos conocer de qué se hablará en el trabajo.

Un error frecuente es escribir títulos que sean muy extensos o que entreguen más información de la que corresponde proporcionar. No se debe olvidar que el título permite que el lector se posicione respecto a lo que va a leer y que invite a la lectura. Por lo tanto, debe contener solo lo esencial. No tiene que contener demasiada información ya que para conocer más detalles se puede leer el resumen o el respectivo texto.

En relación con la extensión de los títulos la literatura vigente entrega diferentes sugerencias. Por ejemplo, Murillo *et al.* (2017) recomiendan que este tenga entre 8 y 15 palabras. De acuerdo con la autora Muñoz-Alonso (2015) debe ser breve, conciso, que resulte agradable tanto para quien lo escribe como para quien lo lee y que especifique su aportación. Ella sugiere que la extensión sea entre 10 y 15 palabras.

Un ejemplo típico de títulos que incluyen demasiada información sería el siguiente: «La gamificación en el aula: valoraciones de estudiantes de un centro público de la Comunidad de Madrid, España». Tal como se puede observar, este título especifica el tipo de centro, la comunidad autónoma y el país. Además de quedar muy largo, esos datos no son del todo relevantes y afectan a la claridad y precisión con las cuales debe estar redactado un título. Sobre este punto es posible que algunos especialistas no estén de acuerdo conmigo ya que en algunos manuales he visto que se sugiere precisamente lo que yo sostengo como un error.

Murillo *et al.* (2017) también sugiere que no se inicie el título con expresiones como «Estudio de…», «Investigación sobre…», ya que estudiar e investigar son acciones inherentes a un proceso científico por lo que no aportan nada nuevo.

Otro error común es la omisión de palabras clave esenciales que facilitarían la identificación y clasificación del trabajo en bases de datos. La inclusión de términos relevantes mejora la visibilidad del trabajo y su accesibilidad para otros investigadores. Por ejemplo, supongamos que el trabajo fue un proyecto de intervención centrado en el uso de la gamificación para mejorar la motivación de los estudiantes. Un título que omite palabras clave sería el siguiente: «Uso de la gamificación en el aula», ya que no alude a la motivación de los estudiantes que es algo fundamental. Un título más adecuado sería: «Gamificación educativa para potenciar la motivación estudiantil: un proyecto de intervención».

Asimismo, la falta de originalidad en los títulos es un error frecuente. Los estudiantes deben esforzarse por desarrollar títulos únicos que destaquen la singularidad y relevancia de su trabajo. Evitar clichés y expresiones demasiado generales contribuye a contrarrestar este error.

Por otra parte, el título debe comunicar claramente la contribución específica del trabajo al campo de estudio. Algunos estudiantes omiten este aspecto crucial, lo que puede afectar la percepción del valor de su investigación. Por ejemplo, supongamos que el título de un trabajo es: «Mejoras en la enseñanza de la lectoescritura para estudiantes con dificultades de aprendizaje». En este caso el título no proporciona detalles explícitos sobre la aportación de ese trabajo. Podríamos optimizarlo de la siguiente forma: «Implementación de estrategias interactivas: un avance para la mejora de la lectoescritura en estudiantes con dificultades de aprendizaje».

En el caso de TFM modalidad investigación, dos títulos que suenan interesantes pueden ser los siguientes:

Profesorado universitario. ¿Consumidor o productor de contenidos digitales educativos? (Ferrando-Rodríguez *et al.*, 2023)

Tareas escolares en tiempos de confinamiento Covid-19. Percepción familiar en función de las variables escolares (Gil-Novera *et al.*, 2023)

En el caso de TFT modalidad revisión sistemática, algunos títulos que quedan bastante bien son los siguientes:

Evaluación de la Competencia Digital Docente: instrumentos, resultados y propuestas. Revisión sistemática de la literatura (García-Ruiz *et al.*, 2023)

Teachers' digital competencies in higher education: a systematic literature review (Basilotta-Gómez-Pablos *et al.* 2022)

4.2. Introducciones que no introducen

La introducción de un trabajo de esta envergadura suele convertirse en un problema para el estudiantado. Es común que los alumnos pregunten a sus directores o asesores ¿qué escribo en la introducción?

Creme y Lea (2000) ofrecen algunas ideas para responder a esta pregunta (p. 148):

- Ofrecer una visión panorámica de lo que se tratará el trabajo.
- Presentar la idea central del escrito.
- Presentar las preguntas sobre las cuales versará el trabajo.
- Citar de otras fuentes con el fin de despertar el interés del lector y darle una idea de la temática del asunto.

La introducción es de los primeros apartados que revisan los lectores y debe ser capaz de dejar claro el contenido del trabajo y la estructura que este tendrá. Un error muy frecuente que cometen los estudiantes es exponer en la introducción una mezcla de distintos ámbitos del tema que se va a abordar. Algunos quieren decir mucho en este apartado y es por ello que introducen demasiada información teórica. Otros, por el contrario, le dan demasiada simpleza o bien agregan información demasiado general que no logra situar a los eventuales lectores en el tema concreto que se abordará en el trabajo.

A continuación, se muestra un ejemplo de la introducción de una investigación a partir del trabajo de Sabaj y González (2013). El ejemplo divide a los párrafos de acuerdo con una estructura sugerida que incluye un párrafo que llame la atención y que cumpla la función de introducir, luego viene otro que expone el contexto o territorio teórico donde se enmarca la investigación. Posteriormente se explica aquel vacío que se intentará ocupar con el trabajo, aquello que no ha sido tan abordado anteriormente o bien que ha dejado ciertas interrogantes no totalmente cubiertas por la literatura vigente. Finalmente se expone el objetivo y la estructura que tendrá el trabajo. Cabe mencionar que la idea global de esta estructura me la explicó el doctor Omar Sabaj en el año 2018 cuando me ayudó a mejorar un proyecto de investigación en el que estaba trabajando.

Para nadie es sorpresa que, en los últimos años, el interés por publicar en revistas indexadas ha aumentado en forma exponencial. Dado el carácter estratégico de las publicaciones científicas (Valderrama, 2001) para los distintos actores involucrados en la investigación, estas se han transformado en una suerte de carta de presentación, de prestigio y estatus.	Párrafo introductorio que llame la atención del lector y que lo sitúe en el tema.
La comunicación científica tiene diversas formas de expresión, siendo su principal producto los denominados artículos científicos. Por su relevancia, el estudio de estos textos ha acaparado la atención de los principales trabajos en esta área, dejando relegados otros géneros o prácticas comunes en el discurso científico. Sabaj, Matsuda y Fuentes (2010) reportan que solo el 70 % de los textos incluidos en revistas científicas chilenas, entre los años 2000 y 2008, corresponden a artículos de investigación científica. El 30 % restante correspondería a una gran cantidad de diversas clases textuales que cumplen diferentes funciones en las revistas, y en la comunidad discursiva en la que esa revista se inserta.	Luego se expone el contexto o territorio en el cual se ubica la investigación. Para ello se expone algún contenido teórico breve que entregue datos sobre el problema de investigación.

Dentro de los géneros que circulan en el discurso científico, específicamente, en las revistas científicas, el discurso del editor, analizado aquí como género editorial, constituye uno de esos géneros que han sido relegados del estudio. Este género, que según los autores (Sabaj, Matsuda y Fuentes, 2010) aparece en un 90 % de las 72 revistas indagadas, no ha sido descrito en forma detallada en contextos de circulación científica. La relevancia del estudio del discurso del editor se basa en que este es una ventana privilegiada para analizar cómo circula el discurso oficial sobre la práctica científica. Este conocimiento es de gran utilidad para los principales actores involucrados en esta práctica: editores, autores, evaluadores y lectores. En este contexto, el objetivo de esta investigación es identificar los propósitos comunicativos del discurso del editor en las revistas científicas. El artículo está organizado en las siguientes secciones. Presentamos, en primer lugar, una discusión teórica, respecto de la noción de «propósito comunicativo», y algunas características generales del género editorial en contextos científicos. Mostramos luego los procedimientos metodológicos seguidos en la investigación. En la última parte, exponemos los resultados y una discusión, para finalizar con las principales conclusiones del trabajo.	Posteriormente se explicita «el vacío», o sea, se menciona aquello que abordará este trabajo y que ha tenido escasa o nula presencia en la literatura vigente sobre el tema. Finalmente se menciona el principal objetivo y la estructura que tendrá el trabajo.

Fuente: Elaboración propia

4.3. La utilización inadecuada de las referencias bibliográficas

Las referencias bibliográficas son fundamentales en todo trabajo académico. Claro está que en los Trabajos de Fin de Título se deben utilizar en abundancia, incluso, algunas universidades pueden establecer un mínimo de referencias a ocupar o bien dar directrices sobre la actualidad que estas deben tener. Por ejemplo, una universidad pública de Colombia les indica a los estudiantes de máster que el 50 % de las referencias utilizadas deben corresponder a los últimos 6 años. Una universidad del norte de México establece que los estudiantes de Grado deben utilizar un mínimo de 50 referencias.

Para usarlas adecuadamente, el primer consejo que les daré es que no olviden que el marco teórico da a conocer lo que otros autores han escrito sobre el tema con anterioridad a que tú redactes tu trabajo. Tú no serás la primera persona a la cual se le ocurrió escribir sobre este tópico y es necesario que revises esa literatura previa no solo para documentarte, sino también para dar cuenta del llamado «estado de la cuestión», que en otras palabras es en qué punto nos encontramos sobre los avances en esta materia.

Por ello, en el caso del marco teórico, es fundamental que tengamos presente que estamos escribiendo una revisión de la literatura y no una reflexión propia. No debemos escribir lo que nosotros pensamos, creemos o percibimos sobre este tema bajo nuestras reflexiones personales a través de conjeturas sin respaldos bibliográficos.

Algo similar sucede en los apartados «introducción» y «justificación», los que también deben ser fundamentados con apoyo en la literatura vigente. En el caso de la justificación, se debe dejar clara la relevancia del tema o problema de investigación y para ello se debe recurrir a la literatura vigente. No se puede justificar la necesidad de escribir el trabajo solo porque nos gusta el tópico sin esgrimir una sólida fundamentación. En el caso de la introducción también debe utilizar referencias provenientes de fuentes de información relativas al tema que se abordará. Incluso, algunas introducciones suelen comenzar con una cita textual potente que llame la atención de los lectores. Dicha cita implica la mención de la autoría correspondiente.

Otro consejo respecto al uso de las referencias tiene relación con su actualidad. Un error típico es que el estudiante selecciona referencias muy antiguas. Actualmente se avanza hacia exigir una mayor vigencia de la literatura que se menciona, incluso, muchas revistas de investigación optan por considerar válida solo la literatura producida en los últimos cinco años. Al respecto debes orientarte por lo que establece tu universidad. Si esta no te dice nada al respecto te recomiendo que el 50 % de tus referencias sea de los últimos cinco años y que el resto pertenezca a los últimos 10.

También puede haber excepciones a ese criterio ya que si estoy elaborando un trabajo sobre investigación-acción es muy probable que cite a Paulo Freire que tiene muchos trabajos publicados en los años 80 y 90. Su pertinencia se justifica por la relevancia de su aportación. Por lo tanto, te sugiero que evites literatura muy antigua, pero que pongas cuidado en ese tipo de excepciones. No vaya a ser que dejes afuera trabajos muy potentes, porque no sean tan actuales pero que sí contengan un invaluable valor para tu línea de investigación.

Otro error frecuente es que los estudiantes pongan la cita de la cita. Se recomienda buscar la fuente original, no basta conocer lo que otro autor ha parafraseado. Se debe hacer la búsqueda de ese artículo, capítulo o libro que te ha parecido de interés y consultarlo directamente. Si bien quienes escriben textos académicos o científicos tratan de hacerlo con la mayor rigurosidad posible, en todo texto siempre hay una interpretación de la información, por lo tanto, quien escribe su Trabajo de Fin de Título debiese consultar la fuente correspondiente y hacer su propia lectura, seleccionar lo que se considera relevante y utilizar dicha información en su texto.

Otro consejo relativo al uso adecuado de las referencias bibliográficas se refiere a su ubicación dentro del texto. Un error frecuente en los Trabajos de Fin de Título es la introducción de las referencias solo al principio de los párrafos o bien solo al final. Para ejemplificar esta situación se utilizarán algunas ideas del texto que fue mencionado en el capítulo 2:

> De acuerdo con Cochran-Smith y Lytle (2009) en el caso de los profesores en formación, uno de los beneficios que reporta la realización de actividades de investigación educativa con ellos es que les permite adquirir nuevos conocimientos y a la vez actualizarlos. Los participantes de la investigación de Levy y Petrulis (2012) destacaron que la investigación educativa les permitió descubrir elementos por sí mismos de forma activa y autónoma, a diferencia

de recibir información por parte de otras personas en una actitud pasiva y solo receptiva.

Como se puede observar en el ejemplo, todas las referencias son mencionadas al principio de los párrafos. Esto se puede dinamizar moviendo algunas referencias al final (lo que implica redactar bajo esa lógica) o bien al medio. Un ejemplo sería el siguiente:

> De acuerdo con Cochran-Smith y Lytle (2009) en el caso de los profesores en formación, uno de los beneficios que reporta la realización de actividades de investigación educativa con ellos es que les permite adquirir nuevos conocimientos y a la vez actualizarlos. También hay estudios en los cuales los participantes destacan que la investigación educativa les permitió descubrir elementos por sí mismos de forma activa y autónoma, a diferencia de recibir información por parte de otras personas en una actitud pasiva y solo receptiva. Ejemplo de ello es la investigación de Levy y Petrulis (2012).

Como se puede observar en el ejemplo dado, el segundo párrafo fue modificado para hacer más dinámico el relato. Esto implicó mover parte de la información de manera de insertar la referencia al final y así contar con párrafos que presenten distintas estructuras.

4.4. Objetivos poco adecuados para los propósitos del trabajo

El tema de los objetivos se ha abordado con detalle en el capítulo 3, específicamente en el punto 3.1, por lo que acá me limitaré a comentarte dos errores frecuentes que se cometen al respecto.

El primero es el uso del verbo «investigar» en caso de un TFT de modalidad investigación, tal como se mencionó en el error de los títulos inadecuados. Por ejemplo:

Investigar las causas de la deserción escolar de estudiantes de Educación Secundaria de la Comunidad de Madrid.

El verbo investigar es algo inherente al proceso que se va a llevar a cabo, sí o sí vas a investigar, por lo tanto, es como decir ¿cuál es el objetivo de que desayunes por las mañanas? y respondas: «mi objetivo es desayunar».

Asimismo, si usas el verbo investigar, el objetivo te queda demasiado amplio y carente de especificidad. Este verbo no proporciona una dirección clara, lo que puede resultar en un objetivo general impreciso y difícil de medir.

En lugar de utilizar «investigar», se sugiere emplear verbos que reflejen acciones más específicas y medibles relacionadas con el propósito particular de la investigación. Por ejemplo: «analizar», «evaluar», «determinar», «comparar» o «identificar», que ofrecen una guía más precisa sobre las acciones y metas que se esperan lograr (en el capítulo 3 se proporcionan listas de verbos que puedes utilizar según el tipo de investigación).

El segundo error que te quiero comentar también tiene relación con la modalidad de trabajo de investigación. Se trata de los objetivos específicos. A veces ocurre que los estudiantes confunden este tipo de objetivos con las actividades que deben llevar a cabo durante el transcurso de la investigación y los redactan en esa línea.

Por ejemplo, vamos a suponer que el objetivo general de la investigación es:

Analizar las causas de la deserción escolar de estudiantes de Educación Secundaria de la Comunidad de Madrid en el curso 23-24.

Si el alumno comete el error mencionado, sus objetivos específicos serían los siguientes:

Objetivo específico 1: revisar la literatura vigente sobre la deserción escolar.

Objetivo específico 2: recoger información con los participantes a través de entrevistas y cuestionarios.

Objetivo específico 3: analizar información y obtener resultados relevantes.

Como vemos, el problema de estos supuestos es que no corresponden a objetivos, sino a actividades que se llevarán a cabo durante el proceso. Si corregimos este error, los posibles objetivos específicos serían los siguientes:

Recordemos que el objetivo general que estamos utilizando es el siguiente: analizar las causas de la deserción escolar de estudiantes de Educación Secundaria de la Comunidad de Madrid en el curso 23-24.

Objetivo específico 1: determinar los casos existentes de deserción escolar de estudiantes Educación Secundaria de la Comunidad de Madrid en el curso 23-24.

Objetivo específico 2: analizar las características de los estudiantes desertores de acuerdo con el rendimiento académico, el nivel socioeconómico y otros aspectos personales.

Objetivo específico 3: evaluar la influencia de elementos externos en la deserción como el entorno familiar, entorno comunitario y el acceso a apoyos psicosociales.

4.5. Conclusiones redundantes

Un error habitual que se encuentra en este tipo de trabajos es la utilización de conclusiones redundantes y vacías, que dicen mucho, pero que a la vez no dicen nada. Te dejo un ejemplo de un párrafo que demostraría este tipo de errores:

> En última instancia, cabe destacar que, en el marco global de nuestra investigación, hemos podido llegar a la conclusión de que las metodologías activas, siendo estos enfoques pedagógicos que fomentan la participación activa del estudiante, han demostrado ser una alternativa educativa efectiva y eficaz. Así pues, podemos afirmar que las metodologías activas, al incentivar la participación activa de los estudiantes, proporcionan un enfoque que mejora de manera notoria y considerable el proceso de enseñanza-aprendizaje. Es crucial, por lo tanto, considerar y tener presente esta conclusión, ya que sintetiza los resultados obtenidos a lo largo de nuestra investigación.

Es este párrafo primero vemos algunos errores de escritura, por ejemplo, hay dos incisos que solo extienden las oraciones, me refiero a «siendo estos enfoques pedagógicos que fomentan la participación activa del estudiante» y «al incentivar la participación activa de los estudiantes». Como vemos, además de ser incisos ambas oraciones dicen prácticamente lo mismo, lo que solo vuelve redundante el contenido que se está transmitiendo.

Por otra parte, vemos que los dos primeros párrafos son muy similares, por lo cual podrían ser reducidos y simplificados para aumentar la claridad de lo que se quiere comunicar a los lectores. A su vez el último párrafo no proporciona nada relevante. Si optimizamos este párrafo podría quedar de la siguiente manera:

> Una de las conclusiones de este estudio es que a través de sus resultados se ha demostrado que el uso de las metodologías activas puede ser una alternativa educativa efectiva y eficaz. Debido a que estas incentivan la participación de los estudiantes proporcionan un enfoque que mejora de manera notoria y considerable el proceso de enseñanza-aprendizaje.

Redactar el apartado de conclusiones no es tarea fácil y a veces puedes sentirte en blanco cuando llegas a esa parte. Para abordar este elemento te recomiendo que sigas las sugerencias que realicé en el capítulo 3 de este libro, específicamente en el punto 3.4; allí explico cómo puedes estructurar tus conclusiones y qué contenido deberías abordar en ellas.

4.6. Errores frecuentes en el uso de la normativa APA 7ª edición

Sabemos que no solo existe la normativa APA para las referencias, sin embargo, en el área de educación suele ser la más utilizada. También es importante mencionar que actualmente (año 2024) estamos usando la 7ª edición de APA, que ha introducido cambios en relación con la 6ª edición, aspecto que algunas personas no tienen en cuenta. Me ha sucedido que mientras reviso los TFT de mis estudiantes me encuentro con errores de APA que tienen que ver con el cambio de edición. También me ha sucedido cuando evalúo artículos de investigación de algunas de las revistas que me han invitado como revisora.

Sabemos que la normativa APA se hace un poco pesada para los estudiantes de grado y máster, y para los de doctorado también, solo que inician el camino con un poco más de experiencia al respecto (aunque en mi caso cuando inicié el doctorado sabía muy poco de APA y tuve que aprender rápido). Si bien se dispone de la normativa en PDF y en la web, lo cierto es que es habitual encontrar que los estudiantes se equivocan bastante en este aspecto. A continuación, te presento algunos de los principales errores que he podido observar a través de mi experiencia:

Error	Descripción y ejemplos
Incluir iniciales de nombres de autores cuando se mencionan dentro del texto	Sabemos que una cosa son las referencias que mencionamos dentro del texto y otra parte será la lista de referencias, la cual estará ubicada al final del trabajo. Será en este última donde entregaremos todo el detalle de cada uno de los documentos por lo que dentro del trabajo solo debemos mencionar los apellidos de los autores y el año. A eso agregaremos el número de página(s) en caso de incluir citas textuales. Un error habitual que he podido observar en reiteradas ocasiones es que los estudiantes ponen la inicial del nombre de los autores dentro del texto, por ejemplo: *Un planteamiento similar fue desarrollado por Joram E. (2007), quien encontró que los profesores en ejercicio están más dispuestos a considerar las recomendaciones que realizan los investigadores en comparación a los docentes en formación.* En este caso debes borrar la inicial del nombre y dejar solo el apellido con el año.
No usar correctamente el *et al.*	La expresión *et al.* proviene del latín *et alia* (en el caso de autores masculinos) o *et aliae* (en el caso de autoras femeninas), que se traduce como «y otros» en español. En el contexto de la investigación educativa y académica, se utiliza en las citas bibliográficas para indicar que hay más de un autor. En la normativa APA 6ª edición la expresión *et al.* se utilizaba desde la segunda vez que se mencionaban tres autores o más. Desde la 7ª edición eso ha cambiado y desde la primera vez que mencionas un trabajo de 3 o más autores debes utilizarla. Por ejemplo: Es por ello Galindo-Domínguez *et al.* (2022) han propuesto un instrumento que permita (…).

	Otro error frecuente en el uso del *et al.* tiene que ver con los signos de puntuación. Cuando se escribe la expresión y a continuación ponemos el año entre paréntesis debemos usar un punto (.), por ejemplo: De acuerdo con Martínez *et al.* (2023) la investigación en educación ha ido cambiando sus tendencias (…). En cambio, cuando usamos el *et al.* y enseguida ponemos el año sin uso de paréntesis entre ambos debemos usar punto y coma (.,), por ejemplo: *La investigación en educación ha ido cambiando sus tendencias (Martínez et al., 2023).*
Incluir el lugar de publicación de los libros en la lista de referencias	En la normativa APA 6ª edición se incluía el lugar de publicación de los libros, por ejemplo: León, O.G. y Montero, I. (2003). *Métodos de investigación en Psicología y Educación.* Madrid: McGraw Hill. Con la llegada de la 7ª edición se debe quitar el lugar de publicación, con lo cual la referencia correcta sería la siguiente: León, O.G. y Montero, I. (2003). *Métodos de investigación en Psicología y Educación.* McGraw Hill.
No usar adecuadamente las cursivas al nombrar libros, revistas, etc.	La normativa APA exige el uso de la cursiva en algunos elementos, lo cual es olvidado por los estudiantes en ciertas ocasiones. Por lo general la cursiva se usa en el título de los libros y en el nombre de la revista y en el volumen de los artículos de investigación. Por ejemplo: Reale, G. y Antiseri, D. (2007). *Historia de la filosofía*. Editorial San Pablo. Gore, J.M. y Gitlin, A.D. (2004). [Re] Visioning the academic–teacher divide: Power and knowledge in the educational community. *Teachers and Teaching, 10*(1), 35-58. https://doi.org/10.1080/1354060032000170918 Lo que te menciono es general, deberás revisar lo que dice la normativa APA en extenso respecto al uso de la cursiva cuando estés construyendo tu lista de referencias.

No usar la sangría francesa en la lista de referencias	La normativa APA exige que la lista de referencias esté con sangría francesa, lo cual también suele ser olvidado por los estudiantes. Por ejemplo: Gore, J.M. y Gitlin, A.D. (2004). [Re] Visioning the academic–teacher divide: Power and knowledge in the educational community. *Teachers and Teaching, 10*(1), 35-58. https://doi.org/10.1080/1354060032000170918 Ahora bien, es importante que analices lo que se indica en las instrucciones que en tu universidad o carrera te han dado al respecto. Puede que tu institución te pida otro tipo de sangría.
Olvidar el DOI en los casos que es necesaria su inclusión	En este caso usaremos el mismo ejemplo mencionado más arriba: Gore, J.M. y Gitlin, A.D. (2004). [Re] Visioning the academic–teacher divide: Power and knowledge in the educational community. *Teachers and Teaching, 10*(1), 35-58. https://doi.org/10.1080/1354060032000 0170918 Como vemos luego de los números de página se incluye el DOI (*Digital Object Identifier*), es un identificador único y permanente para las publicaciones electrónicas. Este se debe agregar a las referencias que son electrónicas, a diferencia de las publicaciones en papel, donde no se requiere. Se debe agregar tal como se ve en el ejemplo, con el «https» incluido.

Fuente: Elaboración propia

Cabe mencionar que la normativa APA no solo se limita al manejo de las referencias, sino que entrega indicaciones respecto al formato de los trabajos, desde los márgenes, el tipo de letra, tamaño, etc.

Hay universidades que se apegan a la normativa completa y otras que proporcionan una plantilla propia a los estudiantes sobre la cual deben hacer su TFT. Esto dependerá de cada institución y debes estar atento a lo que se indica al respecto en la guía didáctica o manual de instrucciones.

CAPÍTULO 5.
La lectura y defensa del trabajo

En el quinto capítulo de este libro nos sumergiremos en el crucial proceso de la lectura y defensa del trabajo. Este capítulo representa un hito significativo en el viaje académico, marcando el momento en el cual el esfuerzo y la dedicación invertidos en el TFT se consolidan y se presentan ante el tribunal y ante el público.

5.1. La exposición oral como situación comunicativa formal con una estructura lógica

La lectura y defensa del Trabajo de Fin de Título es una instancia pública donde el estudiante expone los hallazgos y conclusiones del trabajo que ha realizado ante un tribunal académico. Este tribunal está compuesto por profesores expertos en la materia que serán los encargados de evaluar la calidad del trabajo realizado. Esta evaluación también suele incluir al trabajo escrito, o sea, los profesores evaluadores han leído el trabajo y le han dado una calificación y posteriormente van a escuchar al estudiante y también evaluarán su lectura y defensa.

Si bien estos dos elementos suceden en el mismo contexto, lo cierto es que corresponden a distintas acciones y requerirán que el estudiante se prepare para ambas. Esto implica asumir que en la lectura dará cuenta del trabajo que ha realizado, y que en la defensa debe ser capaz de responder las preguntas y comentarios del tribunal a través de un excelente manejo del contenido.

Durante la lectura, el estudiante presenta de manera estructurada los elementos esenciales de su TFT, lo que suele incluir:

- Introducción.
- Marco teórico.
- Metodología.
- Resultados.
- Conclusiones.

Esto podrá variar de acuerdo con las distintas modalidades, pero en general se mantiene que haya una primera parte teórica muy breve, que luego se pase a la parte metodológica (lo que incluye la mención a los objetivos) y que luego se le dé importancia a los resultados y conclusiones, que es la parte central del trabajo.

En el caso de los proyectos de intervención que no han podido ser llevados a cabo, tendrás que darle prioridad a la explicación de algunas de las actividades que tienes planificadas (puedes nombrarlas todas, pero luego extenderte en algunas) y puedes mencionar algunos resultados que te gustaría lograr a través del proyecto.

Es fundamental que esta exposición sea clara, precisa y que siga una secuencia lógica para facilitar la comprensión por parte del tribunal. El estudiante es el autor de su trabajo, por lo tanto, es la única persona que puede exponerlo y defenderlo de forma sobresaliente.

Tras la presentación o lectura que realiza el estudiante se lleva a cabo una fase de preguntas y comentarios por parte de los integrantes del tribunal. Esta etapa busca evaluar la profundidad con el que estudiante maneja su propio trabajo, como también su capacidad para argumentar y respaldar sus resultados y conclusiones.

Para defender tu trabajo adecuadamente te sugiero que tomes nota de los comentarios y preguntas que te hagan los miembros del tribunal. Luego, cuando se te dé la palabra para dar tus respuestas toma una actitud de humildad frente a las posibles críticas que te hayan realizado. Si bien no estas obligado a darles la razón en todo lo que te digan sí puedes explicitarles que eres consciente de algunas de las debilidades que te han mencionado y que las tendrás en cuenta para futuros trabajos. Un error que cometen los estudiantes es adoptar una actitud a la defensiva luego de escuchar comentarios con los que tal vez no estén tan de acuerdo.

Si has tomado nota de todos los comentarios y preguntas que te han hecho sigue ese orden para darles respuestas. Dales prioridad a las preguntas y si te queda tiempo di algo respecto a los comentarios.

Por otra parte, el acto de lectura y defensa implica la realización de una acción comunicativa formal, y eso es lo primero que debe comprender el alumnado. No vas a relatar tu trabajo a un grupo de amigos, sino que lo harás frente a personas que tienen experiencia en el ámbito académico. Es por ello por lo que debes utilizar un lenguaje formal y rico en vocabulario, sin uso de «muletillas» como «¿sí?» o «me entienden» al final de las oraciones y evitando los sonidos extensos tipo «mmm», «ehhh». Para qué hablar de aquellas palabras propias del lenguaje coloquial o informal, en las cuales no debes incurrir bajo ningún punto de vista.

5.2. Elementos no verbales y paraverbales

Cuando nos expresamos de forma oral se ponen en juego no solo la parte verbal de un acto comunicativo, sino que también se manifiestan elementos no verbales y paraverbales en los cuales también debemos poner atención.

Los elementos no verbales que debes tener en cuenta cuando estés en el acto de lectura y defensa son los siguientes:

- *Gestos y expresiones faciales*: es importante que utilices gestos y expresiones faciales adecuadas para enfatizar puntos clave, lo cual ayuda a mantener la atención del público, que en este caso serán los miembros de tu tribunal.

- *Postura corporal*: debes mantener una postura erguida y segura. Evita gestos que denoten nerviosismo, como tambalearse o cruzar los brazos.

- *Contacto visual*: busca establecer contacto visual con la audiencia ya que esto reforzará la conexión y la confianza. Evita fijar la mirada en un solo punto y procura mantener un contacto visual distribuido entre las personas que te están escuchando.

- *Movimiento escénico*: utiliza el espacio disponible de manera estratégica. Realiza movimientos moderados y pausados para enfatizar puntos importantes, pero cuidado, evita distracciones excesivas.

- *Vestimenta apropiada*: la elección de la vestimenta debe ser acorde al contexto y audiencia.

En cuanto a los elementos paraverbales, los más importantes son los siguientes:

- *Tono de voz*: es importante que intentes variar el tono de voz según la intención del mensaje. Busca utilizar entonaciones adecuadas para resaltar la importancia de ciertos puntos y mantener el interés del público.

- *Velocidad de habla*: intenta modular la velocidad de habla para evitar ser monótono, pero sin exagerar, para que no vayas demasiado rápido. Puedes adaptar la velocidad según la complejidad del contenido y usar pausas estratégicas para permitir la asimilación de la información. Por ejemplo, haz un silencio breve cuando pases de una diapositiva a otra.

- *Volumen*: ajusta el volumen de la voz para que sea audible y claro. Evita hablar demasiado bajo o demasiado alto. Debes adaptarte al tamaño de la audiencia, si es en aula muy grande debes hablar un poco más fuerte, si es en un espacio pequeño debes moderar dicho volumen.

- *Articulación y pronunciación*: articula claramente las palabras y pronuncia correctamente, ya que esto va a contribuir a la comprensión del mensaje. Practica la pronunciación de palabras clave, de extranjerismos o de expresiones que te suponen cierta dificultad.

Dentro del abanico de instituciones de educación superior existen universidades con un funcionamiento 100 % *online* o bien con un sistema híbrido que supone que las lecturas y defensas se realicen a través de campus virtuales. En esos casos hay que hacer una adaptación de las sugerencias que se han realizado anteriormente. Por ejemplo, el contacto visual y el movimiento escénico tal vez no aplicarían, pero sí es importante no descuidar la mayoría de los ámbitos que se han descrito. No porque sea una actividad *online* habrá que descuidar aspectos como el volumen, la pronunciación, los gestos, la velocidad, etc.

Por otra parte, si tu acto académico será *online* debes poner especial cuidado a todos los aspectos relacionados con la conectividad como es el acceso a una red estable de internet, el chequeo de los auriculares, el cuidado del espacio en el cual estarás ubicado (idealmente con fondo blanco, sin distracciones ni otras personas a tu alrededor), etc.

5.3. Material de apoyo para la exposición o lectura

Una consulta recurrente que llevan a cabo los estudiantes a su director o directora se centra en cómo deben organizar la información para poder exponerla a los integrantes de su tribunal. Esta duda surge frente al estrés que significa sintetizar en poco tiempo la información correspondiente a 50, 60 e incluso más páginas de contenido.

En el caso de los Trabajo de Fin de Grado y los Trabajo de Fin de Máster, es habitual que el estudiante disponga de pocos minutos para exponer su trabajo. La cantidad exacta de minutos dependerá de lo estipulado por cada universidad, lo que suele estar cercano a los 15 o 20 minutos.

La exposición oral o defensa suele apoyarse en soportes como Microsoft Power Point, Prezi, Canva, Genially u otros recursos digitales donde el estudiante vuelca la información que quiere contar. Acá viene la primera sugerencia: no sobrecargar las diapositivas con exceso de texto. Algunos estudiantes sienten que todo es importante, por lo tanto copian y pegan párrafos textuales del trabajo en las diapositivas. Esto no queda bien por varios motivos, el primero es que distraen a la audiencia que se puede sentir incluso abrumada con tanta información. El segundo es que, si haces eso, demuestras poco manejo del contenido de tu trabajo, lo cual ya da una mala impresión a tus evaluadores.

El objetivo de la exposición oral es que los estudiantes sean capaces de explicar los elementos centrales de su trabajo. Ellos son los autores del texto, por lo tanto, lo manejan mejor que nadie. Deben tener la capacidad de explicarlo sin siquiera tener diapositivas. El objetivo de disponer de ellas es contar con un material de apoyo que les permita guiarse en el momento de ir relatando el trabajo. Incluso, una buena sugerencia es que el estudiante explique su trabajo frente a un espejo sin ningún tipo de apoyo. Una vez que lo logre hacer con soltura y manejo del tema, construya las diapositivas.

Cada una de ellas debe contener solo los puntos centrales de lo que el estudiante quiere relatar, también puede construir esquemas o diagramas que faciliten la exposición. En ningún caso el estudiante debe leer de forma textual lo que dicen las dispositivas, ya que el protagonista de esta acción comunicativa es su propio relato.

Otra sugerencia que les puedo entregar tiene que ver con la cantidad de diapositivas que se deben presentar. Lo que se sugiere es que, si les han dado 15 minutos para exponer, calculen tener 1 diapositiva por minuto. Después de esa primera distribución incluso se pueden quitar algunas y dejar la presentación con un máximo de 12 o 13 dispositivas, debido a que en el momento real es posible que, por los nervios, la emoción o por un olvido, se pase de los 15 minutos. Hay casos en los que algún miembro del tribunal detiene la exposición al haberse pasado del tiempo y el estudiante se puede quedar sin mencionar las diapositivas finales.

Finalmente, se sugiere utilizar tipos de letra sencillos, que sean fáciles de leer como también evitar usar tamaños de fuente que sean demasiado pequeñas. Acá les quiero comentar algo importante relacionado con el uso de herramientas digitales como Canva, Prezi o Genially. Si bien estoy de acuerdo con modernizar las exposiciones y no quedarnos siempre con Microsoft Power Point, veo importante que no sobrecargues dichas presentaciones con muchos efectos de transición o enlaces. Siempre dale prioridad a la sencillez y a la claridad.

5.4. Consejos finales para la exposición y la defensa

- Como ya se ha mencionado, en cuanto a la exposición o lectura del Trabajo de Fin de Título, hay algunos errores bastante habituales. Uno de ellos es que el estudiante prepara un material de apoyo con excesiva cantidad de texto. El otro error es leer las diapositivas o aprendérselas de memoria. Tú no lo hagas y prepara una presentación que solo contenga títulos, subtítulos y apoyos visuales como diagramas, esquemas y tablas.
- Intenta expresarte con naturalidad y no como si estuvieras leyendo un guion.
- Cuida la forma en que te expresas no solo en el ámbito verbal, sino también en el aspecto de los elementos no verbales y paraverbales que se han mencionado en este capítulo. Pon atención a tus gestos, volumen, modulación, pronunciación, etc.

- Toma nota de los comentarios o preguntas que te realicen los miembros de tu tribunal. Luego, trata de darles respuesta en el mismo orden. Dale prioridad a las preguntas por sobre los comentarios que te hayan realizado.
- Ten autocrítica con tu trabajo y no tomes una actitud a la defensiva con los miembros del tribunal si te dicen algo con lo cual no estés de acuerdo. Al respecto adopta una actitud reflexiva y sé cordial al momento de dar tus respuestas. Pueden surgir distintos puntos de vista, pero es importante que expreses el tuyo de forma respetuosa y a través de una argumentación sólida. Si estás confundido respecto a una pregunta, no manejarás la respuesta y probablemente digas algo incoherente, es mejor que la omitas y pases a las que sí podrás manejar mejor. Quizás en tu tribunal te puedan criticar que no le hayas dado respuesta, pero si ibas a decir algo poco consistente, es mejor que no digas nada.
- Asume que el material de apoyo será eso, un «apoyo». No vuelques todo lo que vas a decir en las diapositivas ya que estas solo deben servirte como un soporte para tú poder explicar y explayarte con tus propias palabras.

Palabras finales

Hemos llegado al final de este camino. Me despido esperanzada en que el contenido de este libro te haya sido de utilidad para abordar tu Trabajo de Fin de Título.

Es una primera edición, por lo que siempre habrá cosas que se puedan mejorar, espero en un futuro próximo poder lanzar una segunda edición que enriquezca y profundice lo que he entregado en esta ocasión. Por ejemplo, me gustaría abordar la forma en que puedes difundir y divulgar tu trabajo, espero hacerlo en un próximo encuentro.

Si has llegado hasta acá es porque has leído este pequeño aporte…

Recibe mi sincera gratitud.

Hasta pronto.

Haylen

REFERENCIAS

Alley, M. (1996). *The craft of scientific writing*. Springer.

Arrieta, I., Soto Ramirez, P., Alarcón, S. López, M.J., y Narea, M. (2022). *Efectos. De las pantallas en niños y niñas menores de cinco años: Orientaciones dirigidas a padres y madres para su uso (Prácticas para Justicia Social, 19).* Centro de Justicia Social.

Ávila, F. (2016). *Español correcto para Dummies*. CEAC.

Axinn, W. G., y Pearce, L.D. (2006). *Mixed method data collection strategies*. Cambridge University Press.

Basilotta-Gómez-Pablos, V., Matarranz, M., Casado-Aranda, LA., y Otto, A. (2022). Teachers' digital competencies in higher education: a systematic literature review. *International Journal of Educational Technology in Higher Education, 19*(8). https://doi.org/10.1186/s41239-021-00312-8

Bisquerra, R. (2009). (Coord.) *Metodología de la Investigación Educativa.* La Muralla

Blaikie, N. (2009). *Designing social research: the logic of anticipation.* Polity.

López-Aguilar, D., Álvarez-Pérez, P. R., González-Ramos, J. A., y Garcés-Delgado (2023). El desarrollo de conductas resilientes en la lucha contra el abandono académico universitario. *Educación XX1, 26*(2), 91-116. https://doi.org/10.5944/educxx1.35891

Cardona, C. (2002). *Introducción a los Métodos de Investigación en Educación.* Editorial EOS.

Cassany, D. (2007). *Afilar el lapicero. Guía de redacción para profesionales.* Anagrama

Caubet, Y. F. (2016). El texto académico como género discursivo y su enseñanza en la educación terciaria. *Palabra clave*, *5*(2), e007. https://core.ac.uk/download/pdf/76492004.pdf

Creme, P., y Lea, M.R. (2000). *Escribir en la universidad* (Trad. G. Ventureira). *Gedisa.*

Creswell, J. W., y Plano Clark, V. L. (2017). *Designing and conducting mixed methods research.* Sage Publications.

Creswell, J. W., y Tashakkori, A. (2007). Developing publishable mixed methods manuscripts. *Journal of Mixed Methods Research, 1*(2), 107-111. https://doi.org/10.1177/1558689806298

Creswell, J.W. (2007): Qualitative inquiry and research design: Choosing among five approaches. Sage publications.

Creswell, J.W., y Creswell, J.D. (2005). Mixed methods research: Developments, debates, and dilemma. En R.A. Swanson y E.F Holton (Eds.), *Research in Organizations: Foundations and Methods in Inquiry* (pp. 315- 326). Berrett-Koehler Publishers.

Del Rincón, D., Arnal, J., Latorre, A., y Sans, A. (1995). *Técnicas de investigación en ciencias sociales*. Dykinson.

Dhillon, P. (2022). How to write a good scientific review article. *The FEBS Journal, 289*(13), 3592-3602. https://doi.org/10.1111/febs.16565

Elliott, J. (1978) Classroom research: Science or commonsense. En R. McAleese y D. Hamilton (Eds.), *Understanding Classroom Life* (pp. 45-58). NFER Publishing Company.

Flowers, L., y Hayes, J. (1981). A Cognitive Process Theory of Writing. *College Composition and Communication, 32*(4), 365-387. https://www.jstor.org/stable/356600

García-Ruiz, R., Buenestado-Fernández, M., y Ramírez-Montoya, M.S. (2023). Evaluación de la Competencia Digital Docente: instrumentos, resultados y propuestas. Revisión sistemática de la literatura [Assessment of Digital Teaching Competence: instruments, results and proposals. Systematic literature review]. *Educación XX1, 26*(1), 273-301. https://doi.org/10.5944/educxx1.33520

Gemma Muñoz-Alonso (2015). *Cómo elaborar y defender un trabajo académico en Humanidades: del Trabajo de Fin de Grado al Trabajo de Fin de Master*. Bubok Editorial.

Grinnell, R. M., y Unrau, Y. A. (2005). The Qualitative Research Approach. En R.M Grinnell y M. Y.A Unrau, (Eds.), *Social Work: Research and Evaluation. Quantitative and Qualitative Approaches* (7th ed.) (pp. 75-87). Oxford University Press

Grobbee, D. E., y Hoes, A. W. (2014). *Clinical epidemiology: principles, methods, and applications for clinical research*. Jones & Bartlett Publishers.

Gülpinar, Ö. y Güçal-Güçlü,, A. (2013). How to write a review article? *Turkish Journal of Urology, 39*(1), 44.48. https://doi.org/doi:10.5152/tud.2013.054

Hernández-Sampieri, R., Fernández-Collado, C., y Baptista-Lucio, P. (2014). *Metodología de la investigación* (6ta edición). McGraw Hill

Hidalgo, N., Murillo, F.J., y Martínez-Garrido, C. (2023). Investigar en educación: claves para el diseño, desarrollo y redacción de una investigación. En N. Hidalgo y L. Cañadas (Coords). *Materiales docentes para el diseño y desarrollo de investigaciones, innovaciones y revisiones sistemáticas en la formación inicial del profesorado* (pp. 9-31). Dykinson. https://doi.org/10.14679/2317

IVAP. (2014). *Comunicación electrónica: propuestas para mejorar la calidad de los textos en pantalla*. Instituto Vasco de Administración Pública.

Kemmis, S., y Mctaggart, R. (1988). *Cómo planificar la investigación-acción*. Laertes.

Labrador, M, y Andreu, M. (2008). *Metodologías activas*. ES: Ediciones Universidad Politécnica de Valencia.

León, O. G. y Montero, I. (2003). *Métodos de investigación en Psicología y Educación* (3ª ed.). McGraw-Hill.

Massoi Lafon, I., Dorio Alcaraz, I., y Sabariego Puig, M. (2009). Estrategias de recogida y análisis de la información. En R. Bisquerra (Coord.) *Metodología de la Investigación Educativa.* La Muralla

McLeod, J., y Thomson, R. (2009). *Researching social change: Qualitative approaches*. Sage publications.

McMillan, J.H. y Schumacher, S. (2005). *Investigación educativa: una introducción conceptual.* Pearson.

Murillo, F. J., Martínez-Garrido, C., y Belavi, G. (2017). Sugerencias para escribir un buen artículo científico en educación. *REICE. Revis-*

ta Iberoamericana sobre Calidad, Eficacia y Cambio en Educación, 15(3), 5-34. https://doi.org/10.15366/reice2017.15.3.001

Narro-Pérez, I. (11 de agosto de 2023). *El párrafo y sus características.* https://www.conamat.com/blog/el-parrafo-y-sus-caracteristicas

Newman, I., Ridenour, C. S., Newman, C., y De Marco, G. M. (2002). A typology of research purposes and its relationship to mixed methods. En A. Tashakkori y C. Teddlie (Eds.), *Handbook of mixed methods in social and behavioral research* (pp. 167-188). Thousand Oaks, CA: Sage.

Perines, H. (2016). *Las difíciles relaciones entre la investigación educativa y la práctica docente* [Tesis doctoral, Universidad Autónoma de Madrid]. http://hdl.handle.net/10486/675641

Velásquez Ospina, L. D., & Vallejo Solarte, A. I. (2021). Beneficios de la lectura en distintas etapas de la vida de las personas. *Revista Institucional Tiempos Nuevos, 26*(28), 125-134. http://dx.doi.org/10.15658/rev.inst.tiempnuevos21.12262810

Page, M. J., Moher, D., Bossuyt, P. M., Boutron, I., Hoffmann, T. C., Mulrow, C. D., Shamseer, L., Tetzlaff, J. M., Akl, E. A., Brennan, S. E., Chou, R., Glanville, J., Grimshaw, J. M., Hróbjartsson, A., Lalu, M. M., Li, T., Loder, E. W., Mayo-Wilson, E., Mcdonald, S., … Mckenzie, J. E. (2021). PRISMA 2020 explanation and elaboration: Updated guidance and exemplars for reporting systematic reviews. *The BMJ, 372*(160). BMJ Publishing https://doi.org/10.1136/bmj.n160

Paul, J., y Criado, A. R. (2020). The art of writing literature review: What do we know and what do we need to know? *International Business Review, 29*(4), 101717. https://doi.org/10.1016/j.ibusrev.2020.101717

REAL ACADEMIA ESPAÑOLA: Diccionario de la lengua española, 23.ª ed., [versión 23.6 en línea]. <https://dle.rae.es> [26 de septiembre de 2023].

Sabaj, O., y González, C. (2013). Seis propósitos comunicativos del discurso del editor de las revistas científicas. *DELTA: Documentação de Estudos em Lingüística Teórica e Aplicada*, 29, 59-78. https://doi.org/10.1590/S0102-44502013000100003

Sabariego Puig, M., Massoi Lafon, I., y Dorio Alcaraz, I. (2009). Métodos de investigación cualitativa. En R. Bisquerra (Coord.) *Metodología de la Investigación Educativa*. La Muralla

Sánchez-Prieto, J.C. (2020). *La revisión sistemática de la literatura en investigación educativa: posibilidades, riesgos y sostenibilidad.* Aula Magna 2.0. https://cuedespyd.hypotheses.org/8753

Sánchez-Serrano, S., Pedraza-Navarro, I. y Donos-González, M. (2022). ¿Cómo hacer una revisión sistemática siguiendo el protocolo prisma? Uso y estrategias fundamentales para su aplicación en el ámbito educativo a través de un caso práctico. *Bordón. Sociedad Española de Pedagogía, 74*(3), 51-66. https://doi.org/10.13042/Bordon.2022.95090

Sandín, M. (2003). La enseñanza de la investigación cualitativa. *Revista de Enseñanza Universitaria, 21, 37-52.* http://hdl.handle.net/11441/54879

Stenhouse, L. (1987). *La investigación como base de la enseñanza.* Morata.

Todd, Z., y Lobeck, M. (2004). Integrating survey and focus group research. En Z.Tood, B. Nerlinch, S. McKeown y D.D Clark (Eds.) *Mixing Methods in Psychology: the integration of qualitative and quantitative methods in theory and practice* (pp. 163-178). Psychology Press

Zubillaga-Olague y Cañadas (2023). Orientaciones para la realización y redacción de una revisión sistemáticaEn En N. Hidalgo y L. Cañadas (Coords). *Materiales docentes para el diseño y desarrollo de investigaciones, innovaciones y revisiones sistemáticas en la formación inicial del profesorado* (pp. 47-71). Dykinson. https://doi.org/10.14679/2319